黄河三角洲区域经济发展模式分析

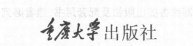

薛翔 著

重庆大学出版社

图书在版编目(CIP)数据

黄河三角洲区域经济发展模式分析/薛翔著. --重庆:重庆大学出版社,2020.9

ISBN 978-7-5689-2481-8

Ⅰ.①黄… Ⅱ.①薛… Ⅲ.①黄河—三角洲—区域经济发展—研究—中国 Ⅳ.①F127.52

中国版本图书馆 CIP 数据核字(2020)第 226129 号

黄河三角洲区域经济发展模式分析

HUANGHE SANJIAOZHOU QUYU JINGJI FAZHAN MOSHI FENXI

薛 翔 著

策划编辑:鲁 黎

责任编辑:陈 力　　版式设计:鲁 黎

责任校对:谢 芳　　责任印制:张 策

*

重庆大学出版社出版发行

出版人:饶帮华

社址:重庆市沙坪坝区大学城西路 21 号

邮编:401331

电话:(023) 88617190　88617185(中小学)

传真:(023) 88617186　88617166

网址:http://www.cqup.com.cn

邮箱:fxk@cqup.com.cn (营销中心)

全国新华书店经销

POD:重庆新生代彩印技术有限公司

*

开本:787mm×1092mm　1/16　印张:8　字数:187 千

2020 年 9 月第 1 版　2020 年 9 月第 1 次印刷

ISBN 978-7-5689-2481-8　定价:58.00 元

前　言

黄河三角洲(以下简称“黄三角”)是以黄河冲积平原和鲁北沿海地区为基础,向周边延伸扩展形成的区域。黄三角区位条件优越,自然资源丰富,开发前景广阔,是山东省乃至全国重要的经济增长潜力区和发展空间拓展区。

黄三角高效生态经济区是国家规划的第一个生态经济区。本专著立足于区域经济战略高度,在对黄三角发展条件进行深入分析的基础上,结合世界经济发展趋势和我国产业调整的要求,对黄三角经济发展的前沿问题进行了探索,提出了具有宏观性、前瞻性、创新性与可操作的观点和建议。

本专著系统研究了黄三角区域的经济发展,研究条理清晰。主要内容包括区域概况、经济发展条件分析、经济发展路径研究、区域循环经济、节能减排绩效实证分析、县域经济发展对比、可持续发展问题。前三章对黄三角区域概况、区域经济发展条件及区域经济发展路径进行了研究,第四章对黄三角区域的循环经济进行了分析,第五—七章则对黄三角经济发展中的节能减排问题、县域经济发展及区域经济的可持续发展进行了论证。通过本专著的研究,人们可以对黄三角区域的概况及经济发展有明确的认识。

由于作者水平有限,书中可能存在疏漏之处,敬请广大读者指正。

著　者

2020 年 4 月

目 录

第一章　黄河三角洲区域概况

第一节　区域范围与位置

一、区域位置

黄河三角洲是我国三大三角洲之一，位于环渤海经济圈的南翼，南靠济南都市圈，北接京津冀，东连胶东半岛，西与德州相连，与辽东半岛隔海相望。黄河三角洲以黄河历史冲积平原和鲁北沿海地区为基础，是我国最年轻的三角洲之一，自然资源丰富，生态系统类型多样，地理位置优越，在我国区域经济布局中具有重要的战略位置。黄河三角洲既是环渤海经济圈经济低谷地带，也是国家重要的能源基地和新兴的经济增长地区。

二、区域范围

黄河三角洲城镇体系规划划定的范围包括：东营和滨州两市以及与其相毗邻、自然环境条件相似的潍坊北部寒亭区、寿光市、昌邑市，德州乐陵市、庆云县，淄博高青县和烟台莱州市，共涉及 6 个地级市的 19 个县(市、区)。陆域面积 2.65 万 km^2，占山东全省的 1/6。

第二节　区域人口与区域经济

一、区域人口

2009 年黄河三角洲总人口为 982.1 万人，城镇化水平达 43.6%（按城区人口占总人口比重），而山东省 46.1%。县（市、区）中人口最多的寿光市为 103.3 万人，垦利县最少为 21.8 万人。从人口密度来说，2009 年黄河三角洲区域的人口密度为 370.6 人/km^2。人口密度最高的庆云县为 613.55 人/km^2，其次滨州市滨城区为 607.11 人/km^2，乐陵市为 588.74 人/km^2，邹平县为 582.4 人/km^2，密度最低的垦利县为 98.91 人/km^2。人口密度表现为西南高东北低的特征，总人口也呈现类似的分布。

二、区域经济

2009 年黄河三角洲 GDP 为 3 780.4 亿元，占山东省的 11%，其中人均 GDP 为 38 493 元（省人均 35 894 元），每平方千米 GDP 为 1 426.6 万元（省平均 2 148.1 万元），在山东省处中等发展水平。经济总量较大的县市为莱州市、邹平县、寿光市，GDP 总量空间分布呈南高北低的特点。人均 GDP 最高的为垦利县，接近 85 000 元，其次为邹平县和广饶县，都超过 60 000 元，较低的惠民县、乐陵市、阳信县都低于 20 000 元，人均 GDP 呈现东高西低的分布特征。由于部分县市人口稀少，人均 GDP 的分布与 GDP 总量分布特征差异较大。

第三节　资源环境与开发强度

一、资源环境

黄河三角洲石油、盐、土地资源丰富，但淡水资源不足。

二、开发强度

黄河三角洲是环渤海地区新兴的开发地区（表 1-1）。

表 1-1 黄河三角洲概况

区 域	县(市、区)	面积/km²	人口/万人	GDP/亿元
烟台	莱州市	1 878	85.9	455.4
潍坊	寒亭区	677	32.5	110
	寿光市	2 057	103.3	416.7
	昌邑市	1 628	58.1	201.2
东营	东营区	1 155	61.9	209.5
	河口区	2 139	25.5	105
	广饶县	1 138	49.5	377
	垦利县	2 204	21.8	185
	利津县	1 666	29.8	118
滨州	滨城区	1 041	63.2	163.1
	阳信县	799	45.0	88
	惠民县	1 363	63.9	120.5
	无棣县	1 984	45.1	170
	沾化县	2 116	38.9	109
	博兴县	900	48.5	171
	邹平县	1 250	72.8	460
淄博	高青县	831	36.6	102
德州	庆云县	502	30.8	88
	乐陵市	1 172	69.0	131
黄河三角洲	—	26 500	982.1	3 780.4
山东省	—	157 800	9 470	33 896.7

第二章 黄河三角洲区域经济发展条件分析

第一节 黄河三角洲区域经济发展优势

随着我国经济增长热点区域逐步向北拓展和区域经济一体化战略的深入实施，黄河三角洲的比较优势和发展潜力日益凸显。

一、土地资源优势突出

一方面，黄河三角洲土地资源丰富。2009 年全区土地总面积为 2.65 万 km^2，占全省土地总面积的 16.88%，人均土地面积约 4 亩（1 亩≈666.67 m^2，下同），是山东全省平均水平的 1.6 倍。另一方面，黄河三角洲也是我国东部沿海土地后备资源最多的地区。山东全省未利用地主要分布在黄河三角洲的东营、滨州及潍坊市北部，黄河三角洲拥有未利用地近 800 万亩，占山东全省的 33.2%，其中国家鼓励开发的盐碱地 17.8 万 hm^2、荒草地 9.7 万 hm^2、滩涂 14.1 万 hm^2（表 2-1）。未利用地大部分集中分布于渤海沿岸的莱州、昌邑、寒亭、寿光、广饶、东营区、垦利、利津、河口、沾化、无棣等县（市、区），其中东营市由于土壤盐碱化程度高，滩涂和苇地面积比重大，未利用地面积占全省未利用地面积的 17.87%。随着防潮体系建设，土地后备资源将逐步增加，初步统计防潮堤外还可新增滩涂近 10 万 hm^2。

表 2-1 黄河三角洲土地资源现状条件

指 标	黄河三角洲/万 hm^2	山东省/万 hm^2	占全省比重/%
土地总面积	265.24	1 571.3	16.88
农用地	164.20	1 157.2	14.19
建设用地	46.21	242.3	19.07

续表

指　标		黄河三角洲/万 hm^2	山东省/万 hm^2	占全省比重/%
未利用地		54.83	165.2	33.19
其中	荒草地	9.7	53.9	18.00
	盐碱地	17.8	22.4	79.56
	滩涂	14.1	25.4	55.51

二、自然生态系统独特

黄河三角洲处于大气、河流、海洋与陆地的交接带，多种物质交汇、多种动力系统交融，陆地和淡水、淡水和咸水、陆生和水生、天然和人工等多类生态系统交错分布，生态类型多样。

三、地理区位优势明显

黄河三角洲，地处山东半岛东北侧、环渤海经济圈的南翼，南靠济南城市圈，东连胶东半岛，北与天津滨海新区、曹妃甸北方大型深水大港和辽宁滨海产业区隔海相望，位于环渤海经济区与黄河经济带的接合部。随着国际产业升级转移加速，国内经济由南往北、由东往西递延，山东半岛城市群快速发展，天津滨海新区加快开发开放，黄河三角洲地区面临主动接受辐射、集聚生产要素、吸引各方投资、加快开放开发的战略机遇，地理区位优势明显，战略地位十分重要。另外，黄河三角洲都属于山东省行政辖区内，相对其他跨行政辖区的城镇群的整合、协调，具有一定的优势。

四、自然资源丰富多样

（一）矿产资源

黄河三角洲矿产资源丰富，目前山东省已探明储量的 81 种矿产中，本地区已发现 40 多种，尤以能源矿产、化工原料矿产、建筑材料及其他非金属矿产为主（表 2-2）。石油、天然气、黄金、菱镁石、地下卤水、大理石、花岗岩等矿产资源储量均居山东省和全国前列，是国家重要的能源原材料基地。其中地下卤水分布广、储量大，静态储量约 135 亿 m^3，为发展盐业和盐化工提供得天独厚的条件和优势，是全国最大的海盐、盐化工基地。莱州黄金矿石储量为 3 410 万 t，占全国黄金储量的 1/6。滨州、无棣、沾化贝壳砂储量达 1 600 万 t，已探明的大理石、花岗岩等建筑石料约 30 亿 m^3，具有建设大型建材基地的优势条件。尤其滨海地区浅层卤水储量达 74 亿 m^3，地下盐矿床面积为 600 km^2，具备年产 600 万 t 原盐的资源条件。

表 2-2　黄河三角洲主要矿产资源储量及分布

矿产名称	储　量	分布区域
石油	50 亿 t	东营、滨州、潍坊北部、高青县
天然气	560 亿 m^3	东营、滨州
地下卤水	135 亿 m^3	东营、无棣、沾化、昌邑、莱州等
菱镁石、大理石、花岗岩	30 亿 m^3	莱州、昌邑
贝壳砂	1 600 万 t	滨州、无棣、沾化
煤	82 亿 t	庆云、沾化、无棣
黄金	3 410 万 t	莱州

(二)能源资源

黄河三角洲地区已探明储量的能源有石油、天然气、煤、油页岩和地热等,其中以石油、天然气为主要能源,地质储量分别约为 50 亿 t 和 560 亿 m^3,广泛分布于东营、滨州等地。本区风力能源也较为丰富,现已建或在建鲁能、国华瑞丰、大唐、华电国际等大中型风力发电厂 10 余座,是全国重要的能源基地之一。

(三)海洋资源

黄河三角洲海岸线近 900 km,占全省的 28%。负 15 m 浅海面积近万平方千米,被称为"百鱼之乡"和"东方对虾故乡",是多种海洋生物繁育、生长的良好场所。海洋生物多达 517 种,鱼、虾、蟹、贝类资源十分丰富,潮间带生物达 195 种,是山东省重要的海洋渔业基地之一,沿海滩涂、浅水海域发展水产养殖和制盐业开发潜力巨大(表 2-3)。

表 2-3　黄河三角洲海岸与浅海资源情况表

地　区	海岸线/km	浅海面积(负 15 m)/km^2
东营	350	4 800
滨州	239	2 000
潍坊	113	2 000
莱州	108	1 000

(四)旅游资源

黄河三角洲地区历史文化底蕴深厚,自然旅游资源特色鲜明,正逐步发展成为中外闻名的旅游热点地区。本区历史悠久,文物古迹众多,惠民为省级历史文化名城,魏氏庄园、孙子故园等遗迹文化品位较高，胡集书会、寒亭杨家埠等风俗旅游极具地方特色，以胜利油田为主体的现代石油工业景观具有重要的科普教育意义和旅游利用价值。本区拥有黄河口、湿地生态等独特的旅游资源，其中尤以黄河入海口旅游资源具有唯一性和垄断性，旅游业发展具有良好的潜在优势。

（五）地热资源

黄河三角洲地区也有比较丰富的地热资源。根据现有资料测算，地热异常区 1 150 km^2，热水资源总量超过 1.27×10^{10} m^3，热能储量超过 3.83×10^{15} kJ，折合标准煤 1.30×10^8 t。热水水质较好，矿化度一般为 9～19 g/L，所含离子主要为 Na^+，Ca^{2+}，Mg^{2+}，Cl^-，Br^-等，微量元素有硼、锂、铯、氦等。地热资源主要分布在渤海湾南岸新户、太平、义和、四扣、孤岛、五号桩等地区，广饶、利津等县亦有分布，多为不高于 80 ℃的低温型。

（六）生物资源

黄河三角洲自然保护区内共有各种生物 1 917 种，其中属国家重点保护的野生动植物有 50 种，列入《濒危野生动植物种国际贸易公约》的就有 47 种之多。

五、劳动力资源比较充裕

黄河三角洲劳动力资源比较充裕。2009 年，黄河三角洲总人口 982.1 万人，其中 18～60 岁的劳动适龄人口达 653.39 万人，占全部总人口的 66.2%，人力资源相对充裕。人力资源成本相对较低，2009 年在岗职工工资水平比全省低 15%。

人力资源就业结构趋于合理。从三次产业就业结构来看（图 2-1），1995 年三次产业从业人员比例为 43.3∶37.2∶19.5，同期国内生产总值的构成为 25.7∶55.0∶19.3；到 2008 年，三次产业从业人员比例为 33.6∶35.0∶31.4，同期国内生产总值的构成为 9∶69∶22。经过 10 多年的发展，黄河三角洲第一产业从业人员比例有所下降，第三产业从业人员得到大幅提升，人力资源在三次产业之间的分布趋于合理。

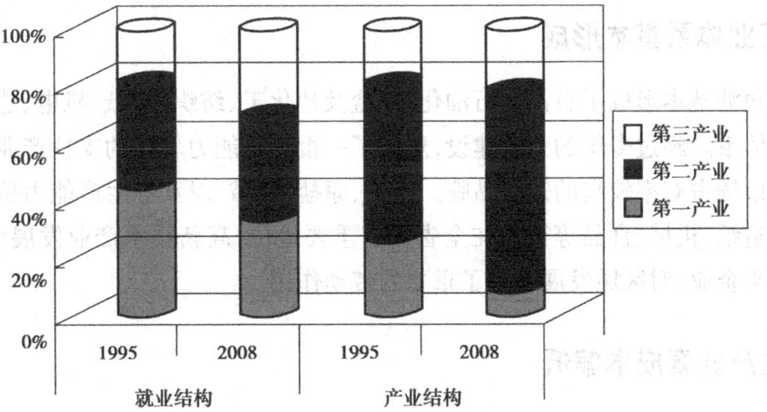

图 2-1 黄河三角洲三次产业从业人员情况

六、经济持续稳定发展

自20世纪90年代以来,黄河三角洲经济得到持续而稳定的发展(表2-4),2009年地区生产总值3 780.4亿元,占山东省生产总值的11%。人均GDP达到38 493元,高于山东省平均值2 700元。县域经济基础较好,寿光、莱州、邹平、广饶均为全国百强县。财政收入快速增长,全年实现财政收入189.2亿元,占山东省的8.6%。实现固定资产投资额2 248.4亿元,占山东省的11.8%,投资对经济的拉动力不断增强。2009年进出口总额达77.5亿美元,占山东省的8.1%,经济发展的开放度和外贸依存度不断提高。当前,黄河三角洲已经逐渐发展成为山东省重要的区域经济板块。

表2-4 黄河三角洲2009年经济发展水平

主要经济指标	黄河三角洲地区	
	2009年实际	占全省比重/%
地区生产总值/亿元	3 780.4	11
人均地区生产总值/元	38 493	高2 700元
财政收入/亿元	189.2	8.6
固定资产投资/亿元	2 248.4	11.8
进出口总值/亿美元	77.5	8.1
社会消费品零售总额/亿元	1 098.1	8.9

特别是进入21世纪以后,各地经济得到持续快速发展,经济增长速度加快。黄河三角洲县域经济发展迅速,寿光、莱州、邹平、广饶4个全国百强县在黄河三角洲中一直保持主导地位。此外,东营、昌邑、博兴等县区的经济实力也较强。在县级市中,寿光、莱州两市的增长也较快。同时,各县区间经济实力相差较为悬殊,2009年庆云县、阳信县的GDP均为88亿元,仅及莱州市生产总值(455.4亿元)的19.3%。

七、工业体系基本形成

黄河三角洲基本形成了石油和石油化工、盐及盐化工、纺织、造纸、机电、建筑建材、食品加工的工业体系。经过多年的开发建设,形成了一批竞争能力较强的支柱产业、实力雄厚的骨干企业和市场占有率较高的知名品牌。原油、原盐、纯碱、溴素等生产能力位居全国前列,化工、纺织、造纸、机械、食品等行业在全省占有重要地位,高新技术产业发展势头良好。一大批大型龙头企业,对区域发展起到了重要的带动作用。

八、生产要素成本偏低

20世纪90年代以来,原材料和劳动力成本在华南沿海地区大幅度提高,土地资源日趋稀缺，环境和生态的压力不断加大，外资因为生产要素成本上涨开始外移。我国中西部的消费市场潜力很大，劳动力成本偏低，但距沿海港偏远，出口加工业的交通成本增加。然而黄河三角洲地处沿海，土地资源丰富，劳动力成本偏低，已具备较好的基础设施和工业发展水平，有利于沿海出口导向产业布局和发展。

九、临港产业初具规模

黄河三角洲具有优越的沿海优势，拥有近900 km的海岸线，占山东全省的28%，从南至北初步形成了以莱州港、潍坊港、东营港和滨州港四大港口为依托的临港产业带，成为带动黄河三角洲地区对外开放的前沿和引擎。未来，随着港口建设规模的扩大，以及相关基础设施的完善，港口及临港产业园区将成为加快黄河三角洲高效生态经济区建设的重要动力源。

十、行政协调较为便利

黄河三角洲地区在行政区划上都隶属于山东省管辖，相对其他跨行政辖区的城镇群资源整合与协调较为便利，具有一定的优势。特别是在协调机构建设、重大基础设施共建共享等方面能够更好地在统一规划与安排下整合各城市的资源，发挥各个城市的优势，相互分工合作，促进黄河三角洲地区的良性循环。

第二节　黄河三角洲区域经济发展限制条件

一、生态环境脆弱

黄河三角洲因黄河泥沙淤积而成，成陆晚，土壤盐碱含量高，地下水位高，矿化度大，加上蒸发强烈，海水顶托和海潮侵袭，使土壤盐渍化程度较高，植被覆盖率低，加上旱、涝、风、沙、雹、潮等自然灾害频繁，致使该地区生态环境和陆地生态系统都比较脆弱，自我恢复能力差。黄河三角洲也是山东省旱、涝、盐碱化灾害集中的地区(表2-5)。

表2-5　黄河三角洲开发主要生态制约因素

制约因素	分布区域	不利影响
旱、涝	鲁北平原；滨海地区	农业开发；水利建设任务重
土地盐碱化、荒漠化	鲁北平原；滨海地区	农业开发和城镇建设
水资源短缺	黄河三角洲	工农业生产和居民生活

续表

制约因素	分布区域	不利影响
风暴潮灾害	渤海沿岸	风暴潮时潮水可淹没内陆十几千米，甚至几十千米
黄河入海泥沙问题	黄河口	沿岸泥沙活动相当活跃，且沉降速度快，输移范围大，建港条件较差
黄河尾闾摆动	黄泛平原	区域土壤频繁地改变其发育方向，影响重点项目的布局
黄河三角洲地区的岸线退蚀	海岸带	尾闾改道，停止过水后，受海洋动力作用，在一定时期内，岸线向陆地退蚀海平面上升
海平面上升	海岸带	海水入侵、海岸侵蚀

此外，由于黄河尾闾摆动频繁、流路多变，长期影响黄河三角洲地区工业和城镇布局，特别对一些重点项目存在巨大的防灾隐患。另外，海岸防护设施不完备，现有防潮堤标准低，风暴潮威胁较大，海岸蚀退明显。

二、淡水资源短缺

黄河三角洲水资源总量多年平均为29.2亿 m^3，人均水资源量仅296 m^3，低于山东省人均334 m^3 的水平，远低于国际公认的人均水资源1 000 m^3 的紧缺标准，属资源型缺水区域（表2-6）。黄河三角洲多年平均降雨量575 mm，年际年内降水不均，拦蓄利用难度大。作为重要客水来源，东营市、滨州市、乐陵市、庆云县、高青县主要依赖于黄河引水，近年来水量有所减少，并且受到国家分配指标限制，致使水资源供需矛盾加剧。另外，部分地区地下水开采过度，形成了以城市水源地等为中心的地下水漏斗区，淄博、滨州、潍坊及莱州市漏斗区面积达2 800 km^2，沿海地区由于大量超采地下水，海水入侵，入侵面积高达800 km^2。然而，从环渤海地区看，黄河三角洲由于具有黄河水资源比较突出的优势，又是淡水资源相对丰富的地区。

表2-6 黄河三角洲多年平均水资源量情况

地　区	多年平均水资源量/亿 m^2				人均水资源量/m^3
	地表水	地下水	重复计算量	水资源总量	
德州	0.66	1.49	0.30	1.85	185.37
滨州	5.60	6.17	1.62	10.15	267.53
东营	4.27	2.55	0.66	6.16	326.79
淄博	0.53	1.16	0.62	1.07	292.35

续表

地　区	多年平均水资源量/亿 m^2				人均水资源量/m^3
	地表水	地下水	重复计算量	水资源总量	
潍坊	3.97	3.50	0.82	6.65	342.96
烟台	2.30	1.59	0.62	3.27	380.68
合计	17.33	16.46	4.64	29.15	296.31

三、地表水污染严重

随着黄河三角洲经济的迅速发展，工业污水和生活污水排放量日益增加，水质污染呈加重趋势。2008 年，黄河三角洲各县（市、区）污水排放总量为 2.8 亿 m^3。该区共建污水处理厂 18 座，污水处理总量达 1.5 亿 m^3，处理率为 54.8%，再生水利用量为 0.1 亿 m^3，仅占污水排放总量的 4%（表 2-7）。大量未经处理的废污水直接排入河流和湖泊，多数河道被污染，水质普遍为Ⅴ类和劣Ⅴ类。河流水系中以小清河和广利河污染最为严重，综合污染超过国家Ⅴ类标准。湖泊水库氮、磷营养盐超标，水质富营养化风险较高。由于淡水资源短缺，并且遭受严重污染，水资源已经成为制约黄河三角洲地区经济社会发展的重大瓶颈。

表 2-7　2008 年黄河三角洲城市污水排放量及其处理量

城　市	污水排放量/万 m^3	污水处理厂			污水处理总量/万 m^3	污水处理率/%	再生水利用量/万 m^3
		座数/座	处理能力/（万 $m^3\cdot d^{-1}$）	处理量/万 m^3			
莱州市	1 350	1	3.0	750	750	89	—
昌邑市	1 349	2	6.0	—	—	92.0	—
寿光市	3 839	1	12.0	3 639	3 639	100	—
东营市	7 502	3	14.5	3 351	4 257	56.7	1 108
滨州市	11 008	7	23.0	5 035	5 245	77.3	—
庆云县	189	—	—	—	—	—	—
乐陵市	2 405	1	2.0	608	1 095	60.0	—
高青县	358	3	3.0	358	358	74.2	—
合计	28 000	18	63.5	13 741	15 344	54.8	1 108

四、基础设施相对滞后

黄河三角洲地区已拥有良好的基础设施，初步形成了包括航空、海港、铁路、公路、管道等在内的综合运输体系。胶济铁路将东营连接到京沪铁路；东营港有航线连接到大连；公路通车里程达 31 903 km,公路密度位居全国前列,达到每百平方千米 120.4 km。济青高速公路、东(营)青高速公路、滨博高速公路、荣乌高速公路将黄河三角洲连成一体。黄河利津垦利大桥 2001 年通车后,黄河三角洲地区到京津地区的公路交通时间和距离大大缩短。在港口建设方面,潍坊港、莱州港初具规模,东营现有 1 个 5 000 t 级泊位和 5 个 3 000 t 级泊位,万吨级泊位——滨州港也正在大规模建设。航空支线机场也已投入使用。电力设施完备可靠,建成输变电站 42 座,用电总量达 62 亿 kW · h。所有这些都为本区开发奠定了坚实基础。但是从整体上看,黄河三角洲地区基础设施仍滞后于区域开发的需求。港口规模偏小,吞吐量低,配套支撑能力不强,缺乏疏港铁路与周边区域连接贯通的干线铁路,高速公路也尚未形成网络。

五、产业结构层次偏低

黄河三角洲地区高效生态经济尚处于起步阶段。传统农业占较大比重,产业化、规模化水平不高;地方工业总量规模较小,产业素质偏低,关联度不强;服务业发展滞后,占 GDP 比重低于全省平均水平 13.2 个百分点。

六、经济外向度不高

黄河三角洲地区在对外开放领域中的沿海区位优势还远远没有发挥出来。1999 年东营市外贸出口依存度只有 0.57%,比山东省同期平均水平 11.08% 低 10 多个百分点。近年来,全区外向型经济发展加快,但仍低于全省平均水平。2009 年全区进出口总额和实际利用外商直接投资分别仅占全省的 7.1% 和 6.2%。2009 年黄河三角洲对外贸易系数为 16.53%,其中外向度较高的寿光为 28.04%,滨州为 25.29%,但均低于山东全省 33.67% 的平均水平(表 2-8)。

表 2-8 2009 年黄河三角洲对外贸易情况

地　区	进口/万美元	出口/万美元	进出口总额/万美元	占全省比例/%	外贸依存度/%
东营市	75 915	153 753	187 998	1.97	10.11
滨州市	112 008	176 567	270 272	2.84	25.29
寿光市	39 315	70 353	96 370	1.01	28.04
昌邑市	2 050	26 663	22 314	0.23	12.06
寒亭区	2 500	16 307	11 500	0.12	15.15
庆云县	1 718	1 664	3 436	0.04	5.59
乐陵市	6 419	7 875	12 838	0.13	12.28
高青县	4 292	12 049	11 513	0.12	18.08
莱州市	10 796	54 570	65 366	0.69	18.11
黄河三角洲	255 013	519 801	681 607	7.15	16.53
山东省	3 664 100	5 864 717	9 528 817	100	33.67

第三节　黄河三角洲区域经济发展的机遇和挑战

随着国际产业升级转移加速，国内经济由南往北、由东往西递延，山东半岛城市群快速发展，天津滨海新区加快开发开放，黄河三角洲地区面临主动接受辐射、集聚生产要素、吸引各方投资、加快开放开发的战略机遇。从形势的发展和环境的变化看，长期制约黄河三角洲区域开发的瓶颈将逐步被突破。

一、黄河三角洲区域经济发展的机遇

（一）环渤海地区成为发展热点

随着国家相继作出西部大开发、振兴东北老工业基地、实施中部崛起和推进天津滨海新区开放开发等战略决策的实施，全国区域经济呈现竞相发展的新态势。根据国家“十一五”规划，环渤海湾地区正在形成以“北京—天津—滨海新区为发展轴，以京津冀为核心区，以辽东半岛、山东半岛为两翼的环渤海区域经济共同发展大格局”。辽宁沿海“五点一线”、天津滨海新区、河北沿海开放开发以及山东半岛（济青）城市群的率先发展，对黄河三角洲已经形成“夹击”之势。

（二）黄河三角洲开发战略决策

“海上山东”建设和黄河三角洲开发，是山东省确定的两项跨世纪的工程。山东省委、省政府提出了加快鲁北沿海经济开发的战略，并制定了黄河三角洲高效生态经济规划。自20世纪90年代以来，发展黄河三角洲高效生态经济先后列入了国家“十五”计划和“十一五”规划，山东省也把发展黄河三角洲高效生态经济列入了省“十五”计划和“十一五”规划，并批准在黄河三角洲（东营）建设山东加工制造业基地。2007年山东省第九次党代会作出了“大力推进山东环渤海地区综合开发，加强黄河三角洲高效生态经济区规划建设”的战略部署。随后，山东省委、省政府确定了全省“一体两翼”总体布局，把黄河三角洲开发建设作为北翼重点推进实施。这些都标志着黄河三角洲开发建设，已经摆在了山东全省发展战略的重要地位。

2009年3月，国家部委联合调研组就黄河三角洲高效生态经济区规划建设问题进行专题调研，国家已经同意将黄河三角洲的开发纳入国家层面。2009年11月，国务院批复《黄河三角洲高效生态经济区发展规划》，要求黄河三角洲“打造环渤海地区具有高效生态经济特色的重要增长区域，在促进区域可持续发展和参与东北亚经济合作中发挥更大作用”。

（三）山东半岛城市群加快发展

2003 年 3 月山东省十届人大一次会议正式提出，济南、青岛、淄博、烟台、潍坊、日照、威海、东营 8 市强强联合，共同打造山东半岛城市群，将其作为适应经济全球化和区域经济一体化的一项重要举措。构建山东半岛城市群，北可与华北的京津冀城市群遥相呼应，南可与长三角城市群隔江相望，共同成为拉动中国经济持续增长的动力。蓬勃发展的半岛城市群和黄河三角洲高效生态经济区的建设，为黄河三角洲发展提供了重大机遇。

（四）区域开发瓶颈逐步被突破

近年来，长期制约黄河三角洲开发的瓶颈逐步被突破。为了构筑区域发展的安全防线，黄河河道治理和防潮堤坝建设得到加强。东营、潍坊、莱州、滨州等区域性港口建设加快，贯通内外的德龙烟铁路、荣乌高速公路的规划建设，为黄河三角洲开发提供了支撑。此外，随着小浪底水利枢纽建成和黄河调水管理的加强，黄河入海水量稳定增加，目前已超过 200 亿 m^3，加上南水北调工程建设的加快，以及直接利用海水和海水淡化规模的扩大，水资源制约将得到有效缓解，大规模区域开发的基础和条件日趋成熟。

二、黄河三角洲区域经济发展的主要挑战

黄河三角洲大部分地区开发相对较晚，城市体系发展面临四大挑战。

（一）核心城市规模小

黄河三角洲核心城市规模普遍偏小，在山东省、环渤海地区都处在城市化的边缘地带。中心城市东营总人口 61.7 万人，分布在东城、西城和距主城数十千米以外的河口区石油采集镇中。另一个中心城市滨州，城区人口 55.2 万人。由于中心城市规模偏小，一时难以带动整个黄河三角洲的发展。

（二）经济总量小

黄河三角洲开发建设仍处于起步阶段，整体实力弱，竞争力不强。从山东省内来看，总体经济实力、城市化水平不仅弱于半岛城市群，而且与济南都市圈相比也存在劣势（表 2-9）。三角洲内部的中心城市东营、滨州整体经济发展水平还不高，对整个区域的带动和辐射能力还不强。

表 2-9　黄河三角洲与山东省内城市群比较

城市群	面积/万 km^2	人口/万人	GDP/亿元	人口密度/（人·km^{-2}）	人均 GDP/（元·人$^{-1}$）	城市化率/%	城市数（县级市以上）/个
鲁南城市带	5.05	3 394	4 666	672	13 748	23.8	9

续表

城市群	面积/万 km^2	人口/万人	GDP/亿元	人口密度/(人·km^{-2})	人均 GDP/(元·人$^{-1}$)	城市化率/%	城市数(县级市以上)/个
济南都市圈	5.27	3 202	7 819	608	24 419	35.6	13
半岛城市群	7.4	4 244	14 484.52	573.5	34 129	47.5	30
黄河三角洲	2.65	982.1	3 430	371	34 400	43.6	19

(三)竞争力偏弱

与国内发育较成熟的长江三角洲、珠江三角洲、京津冀城市群相比,黄河三角洲在城市规模与数量、经济总量、人均 GDP 等方面都存在差距(表 2-10),也弱于同处环渤海地区的辽中南城市群。2009 年黄河三角洲的国内生产总值为 3 430 亿元,仅占长三角、珠三角、京津冀、辽中南的 8%、16%、15%和 35%。黄河三角洲总体上还处于发展的初级阶段,经济总量偏小,竞争力不强。

表 2-10 黄河三角洲与国内主要城市群比较

城市群	面积/万 km^2	人口/万人	GDP/亿元	人口密度/(人·km^{-2})	人均 GDP/(元·人$^{-1}$)	城市化率/%	城市数(县级市以上)/个
长三角	10.0	7 656	37 602	764	36 051	57.8	82
珠三角	5.5	3 447	27 843	627	80 775	69.5	18
京津冀	16.7	6 049	12 585	362	20 805	41.1	21
辽中南	9.7	3 062	7 021	316	22 929	53.1	19
黄河三角洲	2.65	982.1	3 430	371	34 400	43.6	19

(四)周边发展压力大

近年来,随着中国经济由南向北的递次推进,包括京津冀、辽中南在内的环渤海地区发展迅速。特别是在国家实施振兴东北老工业基地、发展天津滨海新区等战略之后,进一步推动了这些地区城市群的快速发展。从环渤海大区域来看,黄河三角洲面临周边发达地区对资金、技术、人才“抽离效应”的严峻挑战。从周边区域发展情况和态势看，其南部的胶济经济带已经成为山东省的经济“脊梁”和全国重要的经济轴线，北部的天津滨海新区发展势头强劲，河北提出了建设沿海强省的目标，包括沈阳、大连等在内的辽中南地区也在加速崛起，区域竞争日趋激烈。

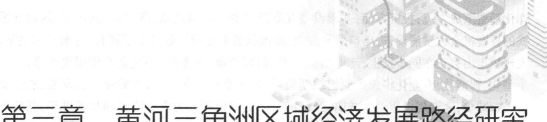

第三章　黄河三角洲区域经济发展路径研究

第一节　区域经济发展的新趋势新要求

一、经济新常态内涵及主要特征

习近平总书记2014年5月在河南考察时首次提出“新常态”的概念，并强调“我国发展仍处于重要战略机遇期，我们要增强信心，从当前我国经济发展的阶段性特征出发，适应新常态，保持战略上的平常心态”。2014年7月，习近平总书记在党外人士座谈会再提“新常态”，提出要“正确认识我国经济发展的阶段性特征，进一步增强信心，适应新常态，共同推动经济持续健康发展”。2014年11月，习近平总书记在APEC工商领导人峰会开幕式上首次全面、系统地阐释了中国经济新常态，就新常态的主要特点、发展机遇、战略举措等重要问题进行了深入的分析和论述。

经济新常态主要呈现“速度变化、结构优化、动力转化”三大特点，即经济增速从高速增长转向中高速增长，经济发展方式从规模速度型粗放增长转向质量效率型集约增长，经济结构从以增量扩能为主转向调整存量、做优增量并存的深度调整，经济发展动力从传统增长点转向新增长点。

经济新常态是中央在深入分析当前国内外宏观经济新形势的基础上，深刻揭示我国经济发展处于增长速度换挡期、结构调整阵痛期、前期刺激政策消化期“三期叠加”阶段作出的重大战略判断。这一战略判断，为我国未来一段时期研判国家经济形势和制定宏观经济政策提供了很好的思想指导。

科学认识当前形势，准确研判未来走势，必须历史地、辩证地认识我国经济发展的阶段性特征，准确把握经济发展新常态：消费方面，模仿型排浪式消费阶段基本结束，个性化、多样化消费渐成主流;投资方面,基础设施互联互通和一些新技术、新产品、新业态、新商业模式的投资机会大量涌现;进出口贸易方面,我国低成本比较优势发生了转化,高水平引进来、大规模走出去正在同步发生;产业组织方面,新兴产业、服务业、小微企业作用更凸显,生产小型化、智能化、专业化将成产业组织新特征;要素驱动方面,人口老龄化日趋发展,农业富余人口减少,要素规模驱动力减弱,经济增长将更多依靠人力资本质量和技术进步;竞争方面,市场逐步转向质量型、差异化为主的竞争;环境资源方面,环境承载能力已达到或接近上限,必须推动形成绿色低碳循环发展新方式;风险方面,经济风险总体可控,但化解以高杠杆和泡沫化为主要特征的各类风险仍将继续;宏观调控方面,既要全面化解产能过剩,又要通过发挥市场机制作用探索未来的产业发展方向。

这些趋势性变化说明,我国经济正在向形态更高级、分工更复杂、结构更合理的新常态演化,认识新常态,适应新常态,引领新常态,是当前和今后一个时期我国经济发展的大逻辑。

二、新常态下区域经济发展的新趋势

经济新常态下,区域经济发展要把全方位开放格局与打通对外通道建设结合起来,把内外平衡健康发展与引进来走出去结合起来,形成协同互动、优势互补、相互促进、共同发展的空间经济新格局,为我国经济社会发展提供更长期、更持久的动力。

①从优化经济发展空间格局看,在统筹我国东部、中部、西部、东北四大综合区域的空间竞争与合作的基础上,更加注重人地协调发展,统筹优化开发、重点开发、限制开发和禁止开发四类主体功能区的空间开发重点和秩序,从更大空间范围内整合区域资源、促进分工协作和优势互补;更加注重引导各地区找准主体功能区定位和自身优势,适应其自身国土空间的资源禀赋和自然属性,把人口调节、经济发展与国土空间开发有机结合起来;更加注重新型城镇化建设,抓好新型城镇化综合试点和中小城市综合改革试点;更加注重特殊地区发展建设,组织制定环渤海、泛珠三角等区域合作规划和意见。

②从均衡—不均衡区域发展理论看,由过去多点布局实施重点区域带动,转向更加注重各区域的协同推进和统一市场的建立,强调"全国一盘棋",统筹经济圈和经济带等经济区域的协同互动;更加注重突出区域发展重心,强调立足实际,放眼国际,重点实施"一带一路"、京津冀协同发展、长江经济带三大战略,着力建立区域经济关联,极大地开拓了区域经济发展的全球化和国际化视野,大幅度提升我国区域经济发展的开放意识和开放水平;强调以处理好政府和市场关系为核心,打破地区封锁和利益藩篱,打破由于行政分割长期形成的行政区经济,转变政府推动经济发展的思维方式。促进形成适应市场经济要求的经济区经济,建立健全全国统一开放竞争有序的市场体系,建成既有分工又有合作、利益共享的区际关系。

③从动力机制看,由过去争取政策、布局项目、扩大投资,转向更加积极主动地深化改革扩大开放,更加注重区域交流与合作,打破各种形式的市场分割和地区封锁,从体制上冲破阻碍要素合理流动的区域壁垒,充分发挥市场在资源配置中的决定性作用,激发市场和社会活力,全面提高资源配置效率,使改革新红利更多转化为发展新动力;更加坚持以问题为导

向，勇于突破创新，从制约经济社会发展的突出问题改起，以改革创新培育经济发展新动力。

④从产业发展看，更加注重产业优化布局，落实重点产业布局调整和产业转移的指导意见，加快产业有序转移，引导产业集聚发展；更加注重创新驱动发展战略，深入落实加快发展生产性服务业促进产业结构优化升级的指导意见，制定加快发展生活性服务业的政策意见，积极发现和培育新的经济增长点。

⑤从可持续发展看，更加注重资源环境约束，持续推进节能减排和生态环境保护；更加注重节能减排预警调控，实施园区循环化改造、循环经济示范城市（县）建设等示范工程；更加注重环境污染第三方治理试点建设，抓好生态补偿示范区、生态文明先行示范区建设；更加注重节能环保产业发展，实施重点生态建设和治理工程，加快推进全国碳排放权交易市场建设，开展低碳发展试点示范。

三、新常态下区域经济发展的新要求

经济发展进入新常态，是我国经济发展阶段性特征的必然反映，是 30 多年经济高速发展的必然结果，是经济规律、社会规律、自然规律作用的客观体现。全面认识新常态、主动适应新常态、积极引领新常态，既要坚定信心、保持定力，抓住用好新常态蕴含的新机遇，又要高度重视面临的风险和挑战，趋利避害、顺势而为，促进科学发展、可持续发展、包容性发展。新常态下，推动区域经济发展，必须树立全新的战略思维。

（一）打破规模速度情结，更加注重质量效益导向

经济发展增速换挡是世界经济发展的普遍规律，尤其是经济发展由高速增长向中高速换挡再向低速换挡更是经济发展的常态。新常态正成为我国经济发展阶段性特征的基本面。面对经济发展增速换挡、方式转型、结构调整、动力转换，需要客观看待、冷静理性，保持战略平常心。推动经济有质量有效益可持续的发展，要摆脱“速度情结”和“换挡焦虑”，以发展质量效益倒推速度，要求速度必须服从质量效益、服从结构调整，既要走出高速纠结，又要保持合理的增长，让经济运行处于合理空间。要自觉地强化质量效益导向，切实把握好速度、质量和效益的平衡点，既抓住时机加快转调提升质量效益，又要保持一定的发展速度，努力确保经济运行在合理区间。要全力推动转型发展，着力调整优化产业结构，推进农业“全链条”提升、加速工业“中高端”迈进、突出服务业“新业态”培育，坚持向结构调整要增长、要质量、要效益，促进产业提质增效升级。要充分发挥企业家队伍才能，加强产权和知识产权保护，依靠人力资本和技术进步推动经济增长，努力做到“调速不减势、量增质更优”。

（二）跳出区域条块分割，更加注重协调协同发展

经济新常态下，打破地区封锁和利益藩篱，突破以前点状、块状的区域发展模式，推动区域协同发展，已经是大势所趋。应把深化跨区域合作、促进协同发展作为现阶段我国区域发展战略的重点。通过深化大范围、跨区域的经济合作和协同发展，打破阻碍产品和要素自由流动的行政壁垒，不断完善区域分工、优化空间布局、增进优势互补，从而提高资源配置效

率,释放经济发展的潜力。

实施区域发展总体战略,要以促进区域协调发展为主线,以缩小地区间发展差距和促进基本公共服务均等化为目标,以改革开放和逐步建立区域协调发展长效机制为保障,着力培育新的区域经济增长极,着力扶持老少边穷地区加快发展,着力促进经济布局、人口分布和资源环境相协调,努力构筑区域经济优势互补、主体功能定位清晰、国土空间高效利用、人与自然和谐相处的区域发展格局。应鼓励各地方在互利共赢的基础上,积极探索建立跨区域合作机制,借鉴京津冀协同发展的政策和经验,加强跨区域合作机制的顶层设计,在深化财税体制改革、构建利益共享机制,协同推进重大基础设施建设、生态环境保护、公共服务一体化等重点项目,为经济平稳健康发展注入新的活力。

(三)破除惯性思维束缚,更加注重释放改革红利

不同的经济增长方式会形成不同的物质利益和分配格局,在粗放型经济增长方式中形成的物质利益和分配格局会对经济增长方式的转变产生多种多样的阻力。尽管中国经过多年的经济快速增长,已经在一定程度上具备了转变经济增长方式的物质基础和条件,但旧的增长观念和发展思路仍然有较大的影响。因此,保持经济健康可持续发展,要更加坚定地打破惯性思维的束缚、冲破思想观念的阻碍、突破利益固化的藩篱,坚持全面深化改革,为经济社会发展注入强劲动力。

深化改革扩大开放,使改革新红利更多转化为发展新动力,要牢牢把握社会主义市场经济的改革方向,使市场在资源配置中起决定性作用;要深化行政审批制度改革,继续推进简政放权,让市场更加有效规范地发挥作用;要加快项目核准制度改革,放宽市场准入,增强市场竞争力;要深化财税金融改革,把投融资体制改革作为重头戏,创新重点领域投融资机制建设,为市场增添新助力;要以结构改革推进结构调整,深化国企改革,发展混合所有制经济。

(四)摆脱传统路径依赖,更加注重科技创新驱动

旧的粗放型经济增长方式片面追求增长速度,经济发展的主要驱动力来自廉价劳动力、土地、矿产等基本生产要素的投入,主导产业是劳动密集型产业。这是进入工业化轨道的一个首选路径,历史上工业化的国家初期大都如此,因此大都会产生“路径依赖”。在经济新常态下,中国需要摆脱旧模式的窠臼和旧路径的依赖,以“创新驱动增长”取代传统的“投资拉动增长”,打造创新驱动新动力。

实施创新驱动发展战略,要大力培育创新主体,完善企业牵头的产学研协同创新机制,加大对企业创新发展的扶持,引导市场主体联合创新。要加强创新平台建设,加快建设科技企业孵化器,积极建设国家自主创新示范区,形成多点支撑的发展格局;支持新型研发机构发展,推进校地协同创新联盟建设,加强国际创新合作;大力开展引资、引技、引智,集聚高端创新资源要素。要营造良好创新生态环境,深化科技体制改革,建立完善市场导向的创新驱动体制机制;加大科技创新投入,促进科技与金融、产业深度融合;加强知识产权保护和科技

成果转化；实施人才培养引进工程，搞好产业领军人才和服务创新团队的引进和支持。要切实增强创新驱动发展的意识和思维，加强学习型区域、学习型组织建设，学会运用创新理论，提高推进创新驱动发展的能力。

（五）扭转破坏生态老路，更加注重生态文明建设

传统工业化的迅猛发展在创造巨大物质财富的同时，也付出了十分昂贵的生态环境代价，教训极为深刻。我国许多地方没有处理好经济发展同生态环境保护的关系，以无节制消耗资源、破坏环境为代价换取经济发展，导致能源资源严重短缺，生态环境承载能力基本接近极限。资源环境约束已不允许再盲目追求高速度，必须顺应人民群众对良好生态环境的期待，推动形成生态文明建设新常态。

生态文明建设作为"五位一体"重要组成部分的新战略观，科学破解了经济发展和环境保护的"两难"悖论，提出了保护生态环境就是保护生产力、改善生态环境就是发展生产力的先进理念，是中国特色社会主义事业健康、融合、持续、繁荣发展的"新常态"。

构建美丽中国新思维，找准生态文明建设新路径，实现永续发展新觉醒，要树立生态文明建设战略新思维，确立经济发展与环境保护的辩证思维，正确处理好经济发展同环境保护的关系，走可持续发展之路；要有文明系统构建的整体思维，将生态文明建设融入经济建设、政治建设、文化建设和社会建设的各方面和全过程；要有生态保护的"底线思维"，建立生态红线，不可突破资源环境可承载力；要开拓生态文明制度建设新路径，做到源头严防、过程严管、后果严惩，依法从严治理；要培养生态文明意识，建立制度化、系统化、大众化的生态文明教育体系，形成生态文明建设新风尚。

第二节　黄河三角洲区域经济发展的方向和重点

一、加快黄河三角洲高效生态经济区建设的总体思路

随着天津滨海新区开发开放步伐的加快，河北唐山尤其是曹妃甸的异军突起，辽东半岛"五点一线"沿海经济开发带战略布局的实施，山东半岛城市群的快速发展，作为我国继珠三角、长三角之后又一重要经济增长极的环渤海经济圈内的新一轮竞争合作局面正在形成。作为环渤海经济圈的重要组成部分，黄河三角洲地区只有抓住机遇、应对挑战、趋利避害、突出特色，才能在环渤海经济圈新一轮竞争合作中赢得主动，实现又好又快发展。按照科学发展观的要求，应进一步更新发展理念，创新发展思路，加快推进黄河三角洲高效生态经济区建设，使其成为具有鲜明特色的国家级高效生态经济示范区。

加快黄河三角洲高效生态经济区建设的总体思路:以科学发展观为指导,按照省九次党代会的战略部署,以改革开放和技术进步为动力,充分发挥沿海优势、区位优势、资源优势,调整产业结构、优化经济发展空间布局,加快工业化、城市化、经济国际化进程,加快区域一体化发展,着力提高综合经济实力和整体竞争力,使其成为山东区域经济发展的重要增长极,在优化山东经济结构与布局、壮大全省整体经济实力等方面发挥更大的作用;紧紧抓住发展高效生态经济这一主题,以"生态"和"高效"为前提,坚持经济、社会与资源、环境协调发展,加快经济发展方式转变,加强节能降耗、生态建设和环境保护,走出一条高效、生态、可持续发展之路,在建设资源节约型和环境友好型社会、促进人与自然和谐发展方面走在全省乃至全国前列,使黄河三角洲地区成为经济繁荣、环境优美的国家级高效生态经济示范区。

具体来说,加快黄河三角洲高效生态经济区建设应突出把握好以下五个方面:

①坚持区域一体化发展,实现由行政区经济向经济区经济的转变。黄河三角洲高效生态经济区建设涉及6个地级市的19个县(市、区),目前各自为战、自成体系的问题还比较突出,影响了黄河三角洲地区整体优势的发挥和整体竞争力的提升。黄河三角洲高效生态经济区建设要达到预期的目标,必须打破行政区划界限,大力推进区域经济一体化发展,实现由行政区经济向经济区经济的转变。要遵循区域经济发展规律,打破资源配置的"行政区划壁垒",充分发挥市场机制在资源配置中的基础性作用,促进区域内各类资源的合理流动、有效整合和高效配置,实现区域内各行政单元之间的优势互补、合作共赢,增强区域发展整体优势。

②坚持整体推进与重点突破相结合。黄河三角洲地区地域广阔,高效生态经济区建设不能采取在整个区域平均用力的做法,应坚持整体推进与重点突破相结合的原则,在整体推进的同时,实行重点区域率先突破,集中力量突出抓好重点区域的开发建设,实现"突破重点、以点带面"。无论是天津滨海新区还是河北曹妃甸都是采取重点区域率先突破策略,取得了良好效果。就目前的情况看,港口建设及临港经济发展严重滞后、沿海优势没有得到发挥是制约黄河三角洲地区经济社会发展的突出因素。把沿海地带确定为优先开发的重点区域,集中力量抓好港口建设和临港产业园区建设,促进沿海经济带隆起,带动整个区域有序快速开发,是加快黄河三角洲高效生态经济区建设的必然选择。

③坚持工业化和城市化发展相结合。工业化主要表现为经济结构由农业为主转向以工业为主,是对经济结构的时序调整;城市化则主要表现为大量农村人口向城市转移,是对经济结构的空间调整。工业化是城市化的基础和前提;反过来,城市化又为工业产业在空间上的聚集、工业化的进一步发展提供了良好的环境条件,两者的协同程度直接决定着经济社会发展的效率与质量。

发达国家经济发展的实践表明,在工业化的早中期,主要是工业化带动城市化;在工业化的中后期,主要是城市化推动工业化。黄河三角洲地区正处于工业化早中期,面临加快工业发展、提升工业化水平的重要任务,同时,目前城镇体系发育不完善、城市化水平相对较低,2007年黄河三角洲地区人口城镇化率只有41.35%,低于全省46.75%的平均水平,在一定程度上制约了工业化的健康发展。加快黄河三角洲高效生态经济区建设,必须正确处理工业化和城市化的关系，坚持工业化和城市化发展相结合，以城市化促进工业化，以工业化带动城市化，形成工业化与城市化的良性互动、相互促进、协调发展。

④坚持内源型发展与外源型发展相结合。内源型经济是指主要依靠本地资金、技术、人才等生产要素，推动本地工业化和现代化进程的经济发展模式。外源型经济（开放型经济）是主要通过大规模地利用外资、发展外向型经济，来推动本地工业化进程和经济发展。内源型经济与外源型经济是一种相辅相成、互相促进的互动关系，外源型经济有利于催生与加速内源型经济的发展，内源型经济的发展反过来又能促进外源型经济发展水平的提高。对黄河三角洲地区来说，对外开放程度低、对外经贸规模小是目前制约经济社会发展的一个突出问题。在新一轮发展中，只有实施内源型发展和开放型经济双轮驱动战略，将内源型经济和外源型经济的优势有机结合，在大力发展以民营经济为主体的内源型经济的同时，加大招商引资力度，提高开放型经济水平，内外并举、以外带内、以内促外，才能抓住发展机遇，加快高效生态经济区建设步伐。

⑤坚持经济、社会与资源、环境协调发展。合理开发利用自然资源、保护和改善生态环境是黄河三角洲高效生态经济区建设的基础和前提，是实现黄河三角洲地区经济社会可持续发展的重要保证。黄河三角洲地区成陆时间短、生态环境脆弱，在高效生态经济区建设过程中，必须把建设资源节约型、环境友好型社会放在更加突出的位置；坚持资源节约优先、保护环境优先，根据资源环境承载能力、现有开发密度和发展潜力，搞好主体功能区规划，明确不同区域的主体功能定位；根据主体功能区规划，调整优化产业空间布局和城镇发展布局，规范空间开发秩序，形成合理的空间开发结构；加强节能降耗、生态建设和环境保护，着力发展循环经济，加快经济发展方式转变，促进经济、社会与资源、环境协调发展。

二、加快黄河三角洲高效生态经济区建设的战略重点

黄河三角洲高效生态经济区建设是一项庞大的系统工程，涉及方方面面，只有抓住关键、突出重点，在关键环节、重点领域实现率先突破，才能尽快取得明显成效，达到预期目标。

（一）坚持基础设施建设先行，增强基础设施对经济社会发展的支撑能力

解决基础设施建设相对滞后问题是加快黄河三角洲高效生态经济区建设的基本前提和重要保证。应坚持基础设施建设先行，加快实施一批基础设施建设的重点项目，实现基础设施建设的率先突破，增强基础设施对黄河三角洲高效生态经济区经济社会发展的支撑能力。

1. 加快交通基础设施建设

交通运输是国民经济的基础性、先导性产业，要把交通基础设施建设作为黄河三角洲高效生态经济区基础设施建设的重中之重。按照区域一体化规划和适度超前建设的原则，加快港口、铁路、公路、机场建设、改造步伐，搞好各种交通设施之间、区内交通与区外交通之间的连接和贯通，构建海、陆、空相结合的立体化交通格局，形成快捷通畅的对外交通运输干线通道和区内综合交通运输网络。①加快港口建设。黄河三角洲地区虽然地处沿海，但长期

以来由于港口建设进展缓慢、未能形成规模，造成物流等相关成本偏高，影响了对外开放和招商引资，区域经济发展受到了严重制约。特别是在我国重化工业布局向沿海地区转移的大背景下，港口建设滞后对黄河三角洲地区经济发展的制约更加显现。加快港口建设对黄河三角洲地区扩大对外开放、加强与环渤海经济圈其他区域板块之间的经济合作具有重要意义。可以说，港口建设是黄河三角洲高效生态经济区建设的重要突破口。应把港口建设作为黄河三角洲交通基础设施建设的重中之重，着力加强东营港、滨州港、潍坊港、莱州港4个港口的航道建设和码头泊位建设，提高航道通行能力和港口吞吐能力，加强港口与铁路、公路的连接，构建港口快速集疏运体系，为黄河三角洲地区发展临港经济、扩大对外开放创造条件。②加快铁路和公路建设。铁路建设方面，尽早开工建设黄大(黄骅至大家洼)铁路、德龙烟(德州、龙口至烟台)铁路和滨州至济南铁路，加强现有铁路的扩能改造，形成横贯三角洲全区、对接周边区域的铁路运输通道。公路建设方面，重点加强区内中心城市之间、区内中心城市与周边区域大城市之间的高速公路建设，加强区内普通路网的升级改造和农村公路建设。③加快机场建设。重点搞好东营机场扩建工程，积极开辟国内和国际航线，打通黄河三角洲通向全国、走向世界的空中通道。

2. 加强水利设施建设

水资源短缺是制约黄河三角洲高效生态经济区建设的一个突出因素，水利设施建设应以引供水体系建设为重点，努力提高水资源供应保障能力。①加强引水、蓄水工程建设。黄河三角洲大部分区域工农业生产用水主要依赖黄河水，应进一步加强引黄工程和平原水库蓄水工程建设，在东营市、滨州市、潍坊市的寿光、德州市的庆云和乐陵等地规划建设一批平原水库，增强供水能力，为黄河三角洲高效生态经济区建设提供可靠的水资源保障。②加强河道拦蓄疏浚综合治理。对重点河道开展综合治理，提高其防洪、除涝、排碱、调蓄和供水能力。③加强沿海防潮堤坝建设。黄河三角洲沿海地区多为平原泥沙质海岸，岸坡平缓，易受季风影响，发生风暴潮灾害。加强沿海防潮堤坝建设，是加快黄河三角洲经济发展的重要前提，也是改善投资环境和建设高效生态经济区的基础性工程。采取政府投资和市场化融资相结合的方式，加快沿海防潮堤坝建设，为黄河三角洲地区沿海开发提供基础保障。

3. 搞好能源基础设施建设

随着黄河三角洲开发建设步伐的加快，对电力等能源的需求量将显著增长。应突出抓好电力基础设施建设，在重点发展高参数、大容量、高效率、环保型燃煤电厂的同时，积极利用风能资源和生物质能资源丰富的优势，发展风力发电和生物质能发电，建设风力发电基地和生物质能发电基地，为黄河三角洲高效生态经济区建设提供充足的电力；加强城乡电网改造，满足城乡经济发展用电需求；积极开展太阳能开发、地热能应用和农村沼气推广，优化能源结构，增加能源供给。

（二）实施“沿海开发”战略，在加快港口建设的同时，以港口和临港产业区为依托，发展壮大临港经济，促进黄河三角洲沿海经济带崛起

随着世界经济发展的全球化和一体化进程的加速，国际贸易发展迅速。作为国际贸易重要物质支撑的港口在现代经济发展过程中的地位日益凸显。同时，港口因与其腹地之间频繁的人流、物流及资金流而常常融合在一起，形成占据一定地域空间的经济综合体，成为现代沿海地区经济发展的一个重要特点。改革开放以来，我国沿海地区的迅速繁荣与港口和临港经济的促进作用密不可分，许多沿海城市和区域通过利用港口优势，发挥港口具有的辐射带动作用，更深层次地参与国际产业分工，利用国际资源发展区域经济，创造了经济发展奇迹。目前，我国沿海地区已成为我国现代制造业最发达、服务业最繁荣的区域，直接推动了整个国家经济的发展，加强了我国经济与世界经济的联系，提高了我国在国际分工中的战略地位。从全球范围看，港口和临港经济的地位和作用同样十分突出，全世界的一半财富集中在沿海港口城市，世界上 35 个国际化大城市中的 31 个是沿海港口城市，其中前 10 个又都集中在港口城市。

我国经济发展正处于以重化工业为主的工业化中期阶段。近些年，随着重化工业发展对国外矿产资源需求量的大幅度提高，具有“大进大出”特点的重化工业向沿海港口城市转移的态势日趋明显。例如，目前我国重化工业发展所需的铁矿石和原油对外依存度达 40% ~50%，钢铁工业和石油化工业布局已经由过去靠近原料产地的资源型布局向沿海港口以及市场邻近地区转移，在沿海地区形成大规模生产基地。天津加快滨海新区建设、辽宁推进沿海“五点一线”开发、河北加快建设沿海经济带，都是顺应重化工业布局向沿海地区转移规律、重视发挥港口及临港经济对区域经济发展带动作用的具体体现。地处沿海的黄河三角洲地区必须重视和发挥沿海优势，大力实施“沿海开发”战略，在加快港口建设的同时，以港口和临港产业区为依托，发展壮大临港产业，促进沿海经济带快速崛起，使沿海经济带成为拉动整个黄河三角洲地区经济社会发展的重要“引擎”。

1. 黄河三角洲四大临港产业区建设的初步进展

2008 年 4 月正式发布实施的《黄河三角洲高效生态经济区发展规划》中明确提出，加快东营、滨州、潍坊、莱州四个港口建设，重点规划建设四大临港产业区，形成北部沿海经济带，初步规划面积约 4 400 km^2，建成全省的生态产业基地、新能源基地和全国的循环经济示范基地。以东营、滨州、潍坊、莱州四大临港产业区为主体的约 4 400 km^2 范围被确定为黄河三角洲高效生态经济区建设的率先突破区域。四大临港产业区的地域范围：东营临港产业区位于东营市东北部和东部临海、临港区内，主要为国有荒滩盐碱地，起步区约 1 000 km^2；滨州临港产业区位于滨州市北部无棣、沾化、滨城区界内，起步区约 700 km^2；潍坊临港产业区（潍坊沿海开发区）位于潍坊城区北部与潍坊港之间，包括寒亭区北部、滨海经济开发区、寿光市北部、昌邑市北部，起步区约 800 km^2；莱州临港产业区位于金城、三山岛至莱州银海化工园区之间，规划面积约 500 km^2。

自2006年山东省委、省政府作出加快推进以东营市为主战场的黄河三角洲高效生态经济区建设重大战略部署以来，东营市、滨州市、潍坊市和烟台的莱州市在加快港口建设的同时，积极制定和完善临港产业区发展规划，临港产业区建设已经初步展开。东营市规划的临港产业区目前的控制面积为232 km^2，以东营港经济开发区为主战场，截至2008年6月底，东营港经济开发区内竣工投产项目6个，正在建设项目5个，有较大投资意向项目20多个。滨州临港产业区内已经初步形成以油盐化工、造船、生态能源为支柱的工业体系，以滨州海洋化工、滨化海源盐化、金华盐化为主体的一批盐及盐化工项目正在加快建设，以套尔河沿岸为基地的滨州中盛、津滨船舶等11家造船企业和10个配套项目已经或正在落户，以风力发电为主的生态电力能源项目开始建设。潍坊滨海经济开发区是潍坊临港产业区（潍坊沿海开发区）的优先开发区域之一，目前已形成以原盐生产、盐化工、石油化工、精细化工为主的海洋重化工集群，已有企业1 300多家，产品达200多个，原盐产量1 100多万t，约占全国产量的1/3，区内在建投资5 000万元以上的项目161个，其中过亿元的项目91个。莱州临港产业区以莱州工业园区和莱州银海化工园区为优先开发区域，莱州工业园区目前已形成以临港加工、临港物流、滨海旅游、黄金开采及深加工为主导的产业发展格局，莱州银海化工园区数十家大型盐化工企业已初步形成集群优势。

2. 进一步明确功能定位、突出产业发展重点，实现临港产业区建设发展的新突破

虽然四大临港产业区建设已初见成效，但仍处于起步阶段，存在规划论证不充分、功能定位不明确、产业发展重点不突出、基础设施不完善等一系列问题。东营、滨州、潍坊、莱州四大临港产业区作为黄河三角洲高效生态经济区近期重点开发建设的区域，应进一步搞好规划论证，明确临港产业区的功能定位和各自的产业发展重点，处理好近期开发与长远发展的关系，采取“以港带区，以区促港，港区联动，协调发展”的港、区一体化发展模式，促进港口建设和临港经济发展之间形成相互促进、良性互动的格局，尽快实现临港产业区建设发展的新突破。

第一，要进一步明确临港产业区的功能定位。临港产业区是发展临港经济的主要载体。所谓临港经济，泛指布局于港口及周边区域内，依托港口的大宗物资集散优势、物流成本低廉优势而催生发展的产业群。从与港口紧密程度上，临港经济可分为4个部分：一是临港直接产业，指港口的主业部门，即物资装卸业；二是临港关联产业，指与港口主业有前后联系的产业部门，如海运业、集疏运业、仓储物流业等；三是临港依存产业，指以港口存在为主要选择依据而设立的产业部门，如造船业、贸易业、钢铁业、石化业等；四是临港派生产业，指建立在沿海一定范围内，与港口直接产业、关联产业、港口依存产业的经济活动有关的金融、保险、房地产、饮食、商业等服务业及其他产业。东营、滨州、潍坊、莱州四大临港产业区的总体功能定位应是以港口为龙头，以加快发展临港依存产业、临港关联产业为重点，建设黄河三角洲重化工业生产基地、以港口为龙头的区域性物流中心，成为所在城市对外开放的先导区、经济跨越式发展的新增长极。

第二，要进一步明确各自的产业发展重点。总体而言，临港产业区应以发展临港重化工业为主体。临港重化工业主要包括石化、钢铁、重型机械、汽车、修造船、电力等，其产品市场覆盖面广，为国民经济各产业部门提供生产手段和工业原料，是一个国家或地区国民经济实现现代化的强大物质基础。港口不仅是交通运输的枢纽，而且是重化工业密集布局的理想地带。我国东南沿海的港口城市对此多已形成共识，为了在新一轮区域经济发展竞争中占据有利位置，不约而同地选择临港工业特别是临港重化工业作为经济发展的新增长点。例如，在广东，惠州—广州—珠海—茂名—湛江一线以临港开发区为载体的沿海石化产业带正在形成；在长三角，从南京到上海的长江沿岸，8 个大型的临港化工区相互辉映，其中上海漕泾化工区、南京化工区已被列为国家级石化工业园区；在环渤海地区，天津塘沽提出打造具有世界级规模、现代化水平、国际竞争优势和持续发展潜力的国家级石化基地和工业园区目标，大连以提升石化、造船、重型机械等支柱产业为重点，积极构建临港重化工业带。黄河三角洲四大临港产业区在产业发展上应突出临港重化工业，着力发展具有比较优势的石油化工、盐化工、重型机械制造、造船、电力等产业。四大临港产业区应根据各自的资源优势、产业基础，有所侧重地确定各自的产业发展重点，加强以产业链为纽带的产业分工与合作，避免互不相让、恶性竞争，打造产业发展的整体优势。具体来说，东营临港产业区应重点发展石油化工、盐化工、重型机械制造、大型电力项目，打造区域内重要的化工产业基地、装备制造业基地、电力供应基地；滨州临港产业区应重点发展油盐化工、船舶制造、建材冶金、生态电源（风力发电），建设区域内重要的海洋化工基地和造修船基地；潍坊临港产业区应重点发展以盐化工、石油化工和精细化工为主的海洋化工，打造全国最大的海洋化工生产基地和农药化工生产基地；莱州临港产业区应重点发展盐化工、精细化工、临港加工制造、风力发电等产业。

第三，搞好临港产业区的规划布局。东营、滨州、潍坊、莱州四大临港产业区的规划面积（起步区面积）都较大，最大的东营临港产业区为 1 000 多 km^2，最小的莱州临港产业区也有 500 多 km^2。在这么大的一个地域范围内进行开发建设，必须认真搞好规划论证，搞好产业功能分区，统筹产业布局，推动产业聚集。目前，东营、滨州、潍坊、莱州四大临港产业区发展规划还有待进一步完善。以潍坊临港产业区（潍坊沿海开发区）为例，目前区内设有潍坊滨海经济开发区（原为潍坊海洋化工开发区）、潍坊滨海项目区（原为潍坊市寒亭区海洋化工开发区）、寿光渤海化工园、昌邑沿海经济发展区四大项目区，其中，属于省级开发区的只有潍坊滨海经济开发区一家；四大项目区规划面积最小的为 108 km^2，最大的达 283 km^2，基础设施配套程度差异明显；在产业发展定位上差异性不明显，存在资源开采混乱、招商引资竞争无序等现象。因此，四大临港产业区所在城市应按照建设“临港新城”的思路，进一步细化临港产业区发展规划，统筹功能区开发建设，确定产业功能分区，如东营临港产业区可规划建设化工产业集聚区、装备制造业集聚区、能源项目集聚区、临港物流园区、商务服务与生活居住区等功能区；坚持整体开发、重点推进的原则，严格按照功能区域摆放项目，避免区内的各产业功能区出现产业雷同和重复建设，做到“项目集中园区、产业集群发展、资源集约利用、功能集成建设”。各临港产业区要加快基础设施配套建设，提高产业承载能力，加快聚集产业项目、人才、资金、信息等生产要素，促进产业集群式发展，在黄河三角洲北部沿海经济带崛起中发挥重要的支撑、辐射、带动作用。

（三）着力加快加工制造业发展，积极发展高效生态农业和第三产业，构建符合可持续发展要求的产业体系

由于开发历史相对较短，总体来说，黄河三角洲地区目前的经济发展水平不高，因此加快经济发展是黄河三角洲高效生态经济区建设的核心。产业结构不合理、产业层次偏低是影响黄河三角洲地区经济发展的一个突出问题，调整和优化产业结构是加快黄河三角洲高效生态经济区建设的重要保证。应以加快加工制造业发展为主导，积极发展现代农业和第三产业，构建符合可持续发展要求的产业体系，使黄河三角洲地区经济发展的潜在优势得到充分发挥。

1. 着力发展加工制造业

重化工业快速发展是工业化中期阶段的普遍特征。重化工业具有用地量大、运输量大、用电量大等特点，黄河三角洲地区正是发展重化工业的理想之地。黄河三角洲地区石油化工、盐化工、海洋化工、机械装备制造、纺织服装、农产品加工等产业已具备较好的发展基础，有条件建设成为山东重要的加工制造业基地。目前，黄河三角洲地区加工制造业整体实力不强、产业层次偏低：从工业经济整体实力看，黄河三角洲地区规模以上工业增加值占全省的比重不足10%；从产业层次看，黄河三角洲地区的加工制造业，产业链条短、大多处于产业链条的低端，附加值低、集约化程度低、产业竞争力不足。

加快黄河三角洲地区加工制造业发展，应坚持膨胀工业经济总量与提升产业层次相结合的原则，以临港工业园区和其他省级经济开发区为主要载体，重点发展具有比较优势和发展基础的石油化工、盐化工、海洋化工、机械装备制造、纺织服装、农产品加工等产业；按照建设高效生态经济区的要求，以发展高端产品、构建生态工业体系为目标，着力壮大龙头企业，延伸产业链条，增强配套能力，培育和形成产业集群，提高产业竞争力。

2. 积极发展现代农业

黄河三角洲地区土地资源丰富，土地类型多样，为农、林、牧、渔业的全面发展提供了良好条件。20世纪80年代实施黄河三角洲农业综合开发以来，农业发展取得明显成效，黄河三角洲已成为山东省重要的农产品生产基地。黄河三角洲农业发展潜力巨大，是山东省农业发展的重点开发区域。加快黄河三角洲农业的发展，应以发展高效生态农业为导向，以提高农业综合生产能力和农产品市场竞争力为目标，以科技进步为动力，积极优化调整农业产业结构，在坚持农、林、牧、渔全面发展的同时，着力做大做强具有比较优势的畜牧业和海洋水产业；积极探索和推广符合当地实际的生态农业模式，促进农业与资源、环境的协调发展；大力推进特色农业的标准化、规模化、产业化、国际化，拓展农业的产业链条和市场空间，在高产、优质、高效上实现新的突破。

3. 加快服务业发展

工业与服务业之间发展不协调、服务业发展严重滞后是黄河三角洲地区经济发展存在的一个突出问题，黄河三角洲地区第三产业增加值占 GDP 的比重明显低于全省平均水平。服务业与第一、第二产业之间存在明显的互动关系，加快服务业发展不仅是满足人民群众生活需要的客观要求，而且是促进第一、第二产业又好又快发展的必然选择。黄河三角洲第三产业发展应坚持膨胀总量与提升层次并举，以加快生产性服务业发展为突破口，建立起与黄河三角洲工业化、城市化发展相适应的服务业产业体系。在对交通运输、商贸流通、餐饮、公用事业等传统服务业进行改组改造的同时，突出发展有利于改善黄河三角洲地区投资环境、有利于发挥黄河三角洲比较优势的现代物流业和生态旅游业等现代服务业。要依托港口、大型批发市场，搞好物流园区建设，加快临港物流业、商贸物流业发展；要加快特色旅游资源的开发，加强旅游基础设施建设，在滨海旅游、黄河口生态旅游、工农业旅游、文化旅游等方面实现跨越式发展。

（四）加强区域中心城市培育、完善区域城镇体系，加快城镇化进程

虽然近年来黄河三角洲地区城镇化水平有了较大提高，但与山东全省平均水平相比，仍然相对落后。2007 年，黄河三角洲地区的城镇化水平为 41.35%，比全省平均水平低 5.4 个百分点。根据世界城镇化发展的一般规律，一个国家或地区城镇化水平提高的过程大致会经历低水平缓慢增长、中水平高速攀升、高水平平缓增长 3 个阶段。各个阶段的发展分别表现出不同的特征，整个过程呈现出一条拉平的“S”形曲线。这条曲线有两个转折的“拐点”，第一个拐点位于 30% 左右，第二个拐点位于 70% 左右。据此，黄河三角洲地区目前已经进入城镇化加速发展的阶段，应通过加强区域中心城市培育和完善区域城镇体系，加快黄河三角洲地区城镇化进程，形成城镇化与工业化相互促进、协调发展的新格局。

1. 加强中心城市培育，着力增强其对区域经济发展的辐射带动能力

国内外经济发展的实践表明，区域经济的发展必定形成一个或多个中心城市以及以中心城市为核心的网络化城镇体系；而中心城市的形成与发展，又会产生强大的积聚和辐射效应，从而有力地带动区域经济向更高层次发展。珠江三角洲地区经济的快速发展，广州、深圳两个中心城市发挥了主导作用；长江三角洲地区之所以成为我国经济实力最雄厚的区域，正是以上海为龙头的若干中心城市辐射带动的结果。黄河三角洲地区开发历史相对较短，城镇体系发育较差，尚缺乏经济实力雄厚、中心城市功能显著的大城市。

东营市和滨州市作为黄河三角洲地区的两个区域性中心城市，近年来在城市建设和城市经济发展方面都取得了明显成效，中心城区的集聚能力、辐射能力逐步增强。但是，与我国东部沿海区域一些经济发达、功能完善的区域性中心城市相比，东营市和滨州市的中心城区经济规模和人口规模不够大、服务功能不完善，对区域经济发展的辐射带动能力明显不足。加快中心城市培育，使东营市和滨州市的中心城区成为具有强大辐射带动能力的“增长

极”,无疑是黄河三角洲高效生态经济区建设的一大战略重点。

以“建设具有强大辐射带动能力的区域性中心城市”为目标,进一步搞好东营市和滨州市的中心城区规划建设。首先,应着力增强中心城区的综合经济实力。通过加强城市基础设施和公共服务设施建设,提高中心城区的承载能力,推动各类生产要素和人口向中心城区积聚,促进中心城区第二、第三产业快速发展,扩大城市人口规模、壮大城市经济实力。其次,要加快中心城区产业结构的优化调整。突出加快服务业特别是生产性服务业的发展,不断完善中心城区的各种服务功能,增强东营市和滨州市中心城区对整个黄河三角洲地区经济发展的服务能力和辐射带动能力。最后,加强生态城市建设。继续实施生态城市建设战略,优化中心城区的功能布局,加强城市景观建设和生态环境建设,争取把东营市和滨州市的中心城区打造成为山东乃至全国最适宜人类居住和生活的城市,使两个区域性中心城市的城市品位和对外影响力得到进一步提升。

2. 加快县级市、县城和中心镇建设,完善区域城镇体系

在加快黄河三角洲地区县域经济发展、壮大县域经济实力的基础上,强化县级市市区和县城建设,配套建设道路、通信、供电、供水、垃圾处理等基础设施,加强教育、金融、文化、卫生、体育等设施建设,改善发展环境和支撑条件,增强县级市市区和县城的人口及产业承载能力。选择一批具有良好产业基础和发展潜力的中心镇,搞好规划建设,加大政策支持力度,促使其加快发展,成为加快黄河三角洲地区人口城镇化进程的重要载体。

(五)加强资源节约、生态建设和环境保护,建设资源节约型和环境友好型社会

合理开发利用自然资源、保护和改善生态环境是黄河三角洲高效生态经济区建设的基础和前提,是实现黄河三角洲经济社会可持续发展的重要保证。根据黄河三角洲地区成陆时间短、生态环境脆弱的特点,应加快经济发展方式转变,大力发展循环经济,切实加强资源节约、生态建设和环境保护,建设资源节约型和环境友好型社会,促进资源的可持续利用和生态环境质量的不断提高。

第一,要按照十七大提出的“形成主体功能区”的要求,搞好黄河三角洲主体功能区规划,根据资源环境承载能力、现有开发密度和发展潜力,明确界定黄河三角洲地区的优化开发、重点开发、限制开发和禁止开发四类主体功能区;根据主体功能区规划,规范黄河三角洲地区的空间开发秩序,调整和优化生产力空间布局,促进人与自然的和谐发展。

第二,加强资源节约技术的推广应用,大力发展循环经济。以“低消耗、低排放、高效益”为目标,在第一、第二、第三产业领域全面推行节约用水、集约用地和节能降耗技术,大力发展循环经济,促进资源的高效和循环利用。

第三,加强生态保护和国土整治。进一步搞好黄河三角洲国家级自然保护区建设,保护湿地生态原貌和生物多样性;加快推进以农田林网、路域林网、水系林网为主体的绿化工程,提高林木覆盖率,防止水土流失,改善黄河三角洲地区生态环境,为经济社会发展提供良好的绿色屏障;进一步加强黄河口治理,制定黄河河口综合治理规划,尽快实施黄河入海流路

治理二期工程，确保黄河流路稳定。

第四，加强环境保护基础设施建设。加强工业企业、经济开发园区和城市的环境保护基础设施建设，搞好污水、废气、废渣的有效处理和合理处置，确保污染物排放符合环保标准和要求。

第五，严格执行环境影响评价制度，从源头上加强环境监管。认真落实项目环评制度，坚持环保一票否决，将高消耗、高污染、低效益的产业项目一律拒之门外；积极开展规划环评和区域（开发区、工业园区）环评，更加有效地保护生态环境。

第三节　黄河三角洲区域经济发展的政策建议

一、改进企业融资理念和方式

（一）提高企业的核心竞争力和营业能力，提升融资能力

通过对基本每股收益指标的分析，我们发现黄河三角洲区域内各公司的基本每股收益还处于较低的水平，基本每股收益在 1 元以下的公司占比达到约 73%。这说明新三板市场中企业的平均股权融资规模还远低于创业板市场，表明大部分想通过股权融资并且具备一定实力的小企业仍然无法及时募集到所需要的发展资金，从而使融资效率低下。从企业的自身角度看，要提高融资的能力应首先提高自身的核心竞争力。

（二）创新融资方式，优化资本结构

在中小企业挂牌新三板之后，随着企业规模的扩大和抗风险能力的提升，债务融资在融资总额中所占比例应不断扩大。但通过对负债总计的分析，我们可以看出债务融资在融资总额中所占的比例并不高，负债总计在 1 亿元以下的公司超过了半数。新三板的企业应从根本上更新自己的融资理念，加强对新的融资渠道的了解，根据自身的情况制订合理的融资渠道等。

二、新三板市场建设方面

（一）设定差异化门槛，提高融资活跃度

现在，新三板市场实行统一的投资门槛：法人机构需满足注册资本 500 万元以上；合伙

企业需满足实缴出资500万元以上;个人投资者需满足前一交易日日终证券类资产市值500万元人民币以上,且具备两年以上证券投资经验。这些准入门槛使新三板市场目前的投资者数量并不多。为了进一步提高融资效率,新三板市场应设立一定的差异化门槛,从而使更多的投资机构和投资者进入新三板市场。

(二)充分利用做市商交易制度,提高市场吸引力

做市商交易方式对提高市场整体的流动性,提高市场价格发现功能,促进新三板市场更平稳地发展具有积极的作用。新三板市场的中小企业的流通股本量小,并且容易受到投机行为的影响,因此从新三板市场方面出发,应进一步充分利用做市商交易制度。

三、新三板挂牌补贴方面

(一)完善的退出机制

从新三板长期发展的角度看,地方政府的补贴政策可以适时退出,由市场之手调节新三板企业的数量。政府补贴使挂牌的直接成本大大降低(甚至获利),会鼓励一些自身条件不高的企业进入新三板挂牌交易,拉低了新三板挂牌企业的整体水平。完善的退出机制会让真正需要融资、真正有能力融资、投资者认可的企业到新三板挂牌。

(二)改变补贴的方式和条件

一方面,地方政府可以给补贴发放的对象设置条件。本文的研究结果显示,普惠的补贴政策可能错误地鼓励一些质量较差的企业到新三板挂牌。因此地方政府可以适当提高补贴发放条件,比如对企业的财务指标、环保指标等设置要求,配合新三板的准入门槛,以有利于企业和新三板的长期发展。另一方面,地方政府可以将一次性补贴变为附条件的持续性补贴,比如给在新三板完成融资的企业一定奖励,也可以对挂牌后规范经营的企业进行补贴,鼓励企业不断完善治理体系。

四、对未来的发展建议

(一)加强规划衔接、政策协同,形成政策合力

在我国指导地区发展的规划种类繁多,并且存在规划制定的主体不一、规划地位不一、层次不一等问题。如何做到规划协调是未来的一个重要命题。“黄三角”也面临同样的问题:国家战略规划指导地区发展,同时一系列配套规划也相继制定出来,并且山东省的某些规划也对“黄三角”有指导意义,如何协调这些规划、避免冲突显得尤为重要。我们认为,应该以国家战略规划为蓝本,结合山东省主体功能区规划,制定“黄三角”地区主体功能区规划,合理划分各类功能区,设定开发强度,协调经济发展与环境保护、生态建设之间的矛盾。

同时梳理过去一个阶段所出台的促进“黄三角”发展的各类政策、意见等，适时调整完善，将政策的促进作用真正发挥出来。

（二）强化生态优先的发展理念，实施更加严格的环保制度

在未来一个时期，应按照国家“十四五”规划要求，着力推进绿色发展、循环发展、低碳发展，全面提升生态文明建设水平，把生态文明建设摆在更加突出的位置，下决心把环境污染治理好、把生态环境建设好，将生态文明核心理念融入经济、政治、文化建设各方面，突出高效生态经济特色，在保护中开发，在开发中保护，实现开发与保护、资源与环境、经济与生态的有机统一。监管部门在加大对危害环境犯罪行为的打击力度的同时，应探索和建立必要的责任追究制度，为生态建设、环境保护给予更为完善的制度保障。此外，“黄三角”应加快构建生态产品使用的价格体系，可在区域内试点县域之间的生态补偿机制，完善生态建设的激励制度。

（三）统筹沿海开发，形成发展合力

“黄三角”沿海跨多个县（市、区），开发较晚，但各地热情高涨，沿海开发如火如荼。在此种情形下，各地竞争加剧，并且在开发过程中，诸多跨区域性的问题亟待解决。这就需要上级政府统一谋划，合理配置资源。

①协调各地发展战略，统筹空间布局。目前“黄三角”沿海涉及 4 个地级市，在发展过程要统筹 4 个临港产业区的发展，通过资源整合，按产业链引导产业布局与发展方向，使其真正成为支撑沿海开发的大载体。充分利用沿海港口、滩涂资源丰富，土地储备量大的优势，为先进制造业的产能转移、传统制造业的转型升级开辟新空间。

②统筹基础设施建设，为沿海开发创造有利条件。基础设施建设是沿海开发顺利实施的前提，统筹建设将能更好地整合资源，实现沿海和其腹地的有效联动，要积极争取国家专项资金加快沿海防潮堤等的建设，统筹资金使用，将更多资金投向基础设施建设。

③统筹沿海开发中的环境保护和生态建设，促进沿海生态系统功能良性循环与健康发展。要合理开发利用资源，统筹沿海项目开发与环境容量的相容性，科学规划、合理安排，促进经济社会与资源、环境协调可持续发展。

（四）强化改革创新，健全率先发展新机制

一是加快行政管理体制改革。以转变政府职能、简政放权和建立权力清单制度为重点，加快推进行政审批制度改革，进一步释放生产活力。深入落实县域经济科学发展试点工作，扩大县（市）、经济强镇经济管理权限，为提高全省县域经济发展整体实力提供示范。二是进一步完善现代市场体系。加快清理制约市场化进程的区域性规章制度，探索实行负面清单制度、健全社会信用体系，促进投资贸易便利化。认真落实中央和省委关于鼓励支持民营经济发展的系列政策措施，坚持发展大中小微企业并举，努力打破“玻璃门”“弹簧门”和“旋转门”等隐性壁垒，增强非公有制经济活力和创造力。进一步完善“‘黄三角’产权交易中心”，

着力构建统一的商品市场、服务市场和要素市场。三是强化投融资机制创新。改进政府资金支出方式,运营好区域产业投资基金,撬动社会资本,提高政府资金使用效率。大力发展多层次资本市场,积极推进区内企业上市、发行企业债、短期融资债券,扩大直接融资规模。稳步开展新型农村合作金融试点,深化农村信用社改革,积极发展村镇银行、小额贷款公司等新型金融组织。运用好国际金融合作平台,争取世界银行、亚洲开发银行等国际金融组织和外国政府的优惠贷款,重点投向基础设施、特色产业和生态环保等领域。四是在土地海域管理体制改革上走在前列。落实与国土资源部签署的战略合作协议,以资金投入、项目管理、工程管护为重点,推进东营、滨州未利用地开发管理改革试验区建设,创新"飞地经济"发展模式。规范运营耕地占补平衡指标交易市场,抓紧组建建设用地指标调剂流转市场和土地抵押融资债券市场。探索建立海域储备制度,实行差别化的海域供给政策,争取国家再批复一批集中集约用海片区。

(五)围绕高效生态,强化产业升级

坚持高端高质高效产业发展方向,切实在我省产业转型、提质增效上当好"领头雁"和"排头兵"。一要加快优化产业布局。深入落实"黄三角""四点四区一带"生产力布局,建立产业布局引导和管控机制,健全区域经济利益分享和补偿机制,完善重大项目信息共享和发布制度,有序推动企业、项目向符合功能定位的区域集中布局。二要加快集群集聚发展。深入实施大企业、好项目带动战略。推行"园中园"和"一区多园",引导相关产业和服务机构加速向园区集聚,继续培育一批高效生态特色产业园。三要加快创新驱动步伐。继续鼓励高新技术产业发展,增加技术改造投资,深入实施人才强省战略,大力发展职业教育,抓好潍坊国家级职教创新发展试验区建设,加快培养一批产业发展急需的高技能人才。

第四章　黄河三角洲区域循环经济

区域循环经济是一个复杂巨系统，对其发展模式的分析需要借助系统动力学的方法。本章建立区域循环经济系统（regional circular economy system，RCES）概念，并以此概念对区域循环经济发展模式及运行规律进行详尽的分析。在此基础上分析区域循环经济系统发展的动力因素，以及影响其发展的制约因素。

第一节　黄河三角洲区域循环经济体系

一、区域循环经济系统的组成

本研究把区域循环经济这个复杂巨系统大致分为3个子系统及3个支撑体系，3个子系统分别为经济子系统、资源子系统与环境子系统，3个支撑体系分别为技术支撑体系、基础设施支撑体系与社会支撑体系。

（一）区域循环经济系统的3个子系统

1. 经济子系统

经济子系统是区域循环经济系统的核心。循环经济贯彻可持续发展的理念，并不是让人类放弃经济发展、禁绝资源消耗，而是强调经济发展方式的转变，强调人类与自然的和谐共生，强调资源的合理利用、循环利用。因此，在区域循环经济系统中，经济子系统的增长是一个绝对的量，在经济增长的同时，要做到其他几个子系统的平衡，循环经济的发展模式只是更好地改善经济发展的方式，而不是孤立甚至抛弃经济增长。但是，因为经济子系统隶属于区域循环经济巨系统，它与循环经济巨系统的其他部分存在复杂的互动关系，所以对它的考察不能以单纯的或者传统意义上的经济增长指标进行，而是必须用生态化的指标对其进行评价，对它与区域循环经济系统之间的互动关系进行考察。

这就意味着经济总量的绝对增速并不是区域循环经济系统最重要的因素，在维护好各个子系统之间和谐平稳增长的同时，促使经济子系统进一步增长才是应该考察的范畴。例如，对黄河三角洲这一区域来说，总体的经济发展程度不高，东部沿海属于落后地区，存在迫切的经济增长需求，但是，如果这个区域产业结构失衡、生产方式落后，造成资源子系统、环境子系统发展严重滞后，那么以循环经济的理念进行考察，这个区域的经济子系统的发展与其他几个子系统就是不和谐的，因此必须对其进行调整。相反，如果一个区域经济总量的增长速度落后于其他区域，但是在区域循环经济系统的总评价中却高于其他区域，那么这个区域从循环经济的角度评价就是好的。

2. 资源子系统

第一次工业革命和第二次工业革命带来的人类社会生产力的提高，伴随着资源的大量消耗和人类对资源的极度依赖。实体经济作为生产人类必需的生活资料和生产资料的产业类型，不会随着第三次工业革命的到来而消失。因此，作为循环经济复杂巨系统的资源子系统，其在某种程度上决定着整个系统运行的方向，它是这个巨系统运行的起点，也是整个系统维持运转的动力。

在区域循环经济系统中，资源子系统与通常意义的资源系统有些区别，其考察的重点也不是资源存量或者总量的多少，而是其消耗、利用、再生的幅度与程度。例如，位于黄河三角洲地区的东营，是我国石油资源的重要产出地，如果从资源总量来说东营是很丰富的。但是，如果从区域循环经济系统的角度来说，考察更多的应该是石油资源的开采合理程度、石油资源的利用效率及剩余石油资源的可持续使用年限等，这些才应纳入区域循环经济系统的考察范围，也是整个巨系统所要追求的终极目标之一。如果局部存在严重的资源浪费、过度开采、重复开采等，那么系统整体的效率评价就会受到影响，整体的平衡也不容易达到。

3. 环境子系统

环境子系统就像区域循环经济巨系统的空气，它的质量指数直接关系着人类的生存状态和生活质量。循环经济属于可持续发展范畴，而可持续发展理念的本质关注的是人类与自然的长期和谐、共同发展，所以作为人类赖以生存的环境子系统，也必须得到足够的重视。资源的过度开采、生产活动中多废物质的产生及生态植被等的人为破坏等，使人类长期生存的环境遭到了破坏，导致了人类生活质量的下降，以及对未来能否持续发展的强烈担忧。

因此，在评价区域循环经济系统的环境子系统时，更多应该考虑的是环境的动态变化，而不是绝对的、静态的环境质量，要考察整体环境是朝着逐渐改善的方向发展，还是朝着恶化的方向发展。例如，某城市某一年平均环境质量指数的高低并不能说明该城市循环经济系统运作程度的好坏，应对该城市若干年内的累计平均环境质量水平进行长时间的考察，在单目标纵向比较的同时再与其他城市进行横向对比，才能说明该城市循环经济系统中环境子系统的运行情况。

(二)区域循环经济系统的3个支撑体系

1. 技术支撑体系

传统经济发展模式的技术平台强调的是以产品生产为核心，无论是原材料的选择、使用、配送等环节，还是生产过程的规模化、低成本化、边际效益最大化等，其所追求的都是生产企业利润最大化，而商品交换过程中追求的是产品交换价值产生的经济效益。循环经济的理念与传统经济不同，它不再单一地以生产环节为中心，而是在绿色技术平台上追求经济效益、社会价值、生态环境的和谐与统一。在一定程度上讲，循环经济属于一种功能经济，而非生产性经济，它所追求的目标不是生产部门的利润最大化，而是全社会整体效益的最大化。这个整体包含经济部门、环境部门与社会各个部门。只有在绿色技术集成的平台上，才能更好地发展循环经济，进而实现整体效益的最大化。因此，发展区域循环经济，技术支撑体系极其重要。循环经济的减量化、再生产、再利用等环节都是高技术含量的流程与步骤，没有强大而先进的技术支撑，循环经济系统是很难真正实现并运营的，因此，技术支撑体系的稳定与强大是保证循环经济顺利实施并运营的一个非常关键的环节。

循环经济技术支撑体系的执行部门主要有企业、产业园区、城市、区域等多个层面，而技术范围也涵盖较广，主要包括清洁生产技术、资源回收利用技术、产品无害化技术、绿色供应链技术，甚至可以延伸到一种绿色文化的形成与推广。区域循环经济体系要求这些技术能够达到循环利用，使产业层面、集群层面、区域层面都能够和谐统一。循环经济要求技术选择遵循生态学规律，在物质不断循环利用的基础上发展经济，将经济系统和谐地纳入自然生态系统之中，因此，应该大力推广绿色技术。绿色技术是一种综合考虑环境影响和资源利用效率的现代技术，该技术在产品的设计、生产、运输、销售、使用直至报废的整个生命周期内，对环境的影响尽可能小，对资源的消耗尽可能少，实现经济效益、环境效益和社会效益的协调发展。绿色技术包括无污染技术，低污染、低消耗技术和有利于可持续发展的技术。

另外，从某种程度上讲，环境问题的产生与人类传统生产技术落后有关，落后的技术无论是在生产的输入端还是输出端，都给环境带来了很大的压力与负担，因此，要发展循环经济，就必须先解决技术落后的问题，这就需要注重技术创新。当技术创新的过程中融入了循环经济的理念，再按照循环经济的原则进行指导，效益型的技术创新就会朝着生态化改造的方向发展。生态化的技术创新强调经济效益的持续增长。同时，由于有了循环经济模式的限制，其生态效益也将得到保证，二者处于并重的地位，而一旦经济效益与生态效益出现了矛盾，则应该优先考虑生态效益，让经济效益让步，这是技术创新所要遵循的一个重要原则，即技术是为了更好地维护生态效益，而不是不惜生态代价而使用更先进的技术产生经济效益。

基本上，技术创新应该考虑以下三个原则。

(1)减量化原则

此原则要求生产输入阶段采取有效控制和改善措施。传统线性经济增长方式下,不考虑资源的数量,也不考虑原材料输入之后会产生怎样的环境影响,因此,大规模、无筛选的生产材料被输入生产流程中。这样就为资源问题、环境问题埋下了后患,无论生产过程中及生产之后采取多少措施,都将增加成本,同时减少成效。输入端的技术改造能够显著改善这一状况。例如,在生产材料尚未进入生产流程时,就对其进行筛选,利用材料科学技术,选择资源耗费小、污染产生少并且能够充分利用甚至多次利用的原材料;改善工艺流程技术,尽量将进入生产流程的原材料充分利用,避免、减少产生中间环节的垃圾、废弃物、生产末端的污染物等。例如,日本丰田汽车公司在汽车的设计上率先制订了很多环保执行标准,这虽然在一定程度上增加了生产成本,但是在品牌形象上取得了巨大的飞跃,赢得了公众的青睐和信任,进而为企业带来了更丰厚和更长远的经济利益。

(2)再使用原则

此原则指导下的产品生产过程解决了输入端生产资料短缺的问题。另外,此原则还可以在生产过程及产品生产之后对流程进行重新规划设计与改进等。例如,在新产品开发过程中,企业可以对产品的生命周期进行重新界定与设计,应用更好的工程力学技术等对产品的耐用程度进行改善,尽量方便产品的重复使用;为了满足产品的更新换代,尽量对某种产品设立生产标准,统一产品接口等;如果到了产品需要更换的时候,尽量对其零部件进行更换,而不至于完全丢弃整个产品,这样做到生产资源的节约及产品垃圾的减量排放,从而更加符合循环经济的理念。美国的一项调查显示,估计有75%的消费者声明他们的消费行为受企业环境声誉的影响,80%的消费者愿意为环境友好的商品支付超额价值。全球范围内,16个国家的公民表示他们拒绝购买对环境有害的产品。

(3)再循环原则

此原则需要废弃物回收、加工、再利用的循环技术。由于循环经济的基础是物质的闭环流动,因此,废弃物再循环原则就是在末端保证物质闭环的重要环节,没有这个环节,循环经济将无法承前启后,无法实现真正的循环。因此,在这个环节中所需要的技术更具挑战性和革新性。因为多年的传统经济生产模式根深蒂固,循环经济模式又方兴未艾,所以再循环过程的技术创新领域尚存在大量的可突破口,以至于在传统的三大产业体系划分的基础上又萌生第四产业,即废弃物回收再资源化产业。

2. 基础设施支撑体系

推行循环经济具有高成本性和复杂多元性,推行循环经济的企业具有经济外部性特征,因此,推动区域循环经济是一项艰巨而长久的系统工程,可能要经过很长时间的酝酿与尝试。区域循环经济体系中的基础设施体系,包括水资源系统、能源系统、交通系统等,这些基础设施的建设与运营离不开政府组织的有效管理和推动。在区域循环经济系统中,政府始终是这个系统中调节、控制的中心要素,政府组织具有其他组成要素不可替代的作用,尤其是在市场机制无法发挥作用的绿色公共物品领域,政府组织出于维护整个系统正常运作的目的,保持对整个区域的管理能力。然而作为对循环经济的推动起到基础支撑作用的基础设施体系,大部分兴建与管理的职责在政府身上。

首先,政府出资建设基础设施是为了给经济发展提供更好的支持;其次,政府是在切实提高居民的生活质量;最后,循环经济对环境质量的提高有相当大的作用。因此,基础设施的建设对环境子系统、经济子系统、资源子系统都会起到关键的支撑作用,而在这个支撑体系中,政府将作为主体发挥不可替代的作用。为了保证区域循环经济系统的顺利运行,一定要强调政府在区域循环经济建设中的引导和控制作用,这主要包括:制定循环经济推行与维护的相关政策法规,切实保障区域循环经济建设任务能够顺利完成;加强监督监管,严格控制区域循环经济建设进度按照总体规划的步骤进行;建立综合决策支持信息系统,提升政府综合决策与评价能力;制定相应的优惠政策,促使企业积极参与区域循环经济的建设,实现区域与企业的共同发展;全面推动循环经济观念的普及,建立有效的公众参与机制。循环经济的建设不能只靠政府和企业,还需要广大人民群众的支持与参与,因此,应加大对循环经济及环保的宣传,提高人民群众参与循环经济建设的热情,形成政府、企业、人民群众之间的良性互动。

3. 社会支撑体系

社会支撑体系在区域循环经济系统中的作用类似于上层建筑,在技术支撑体系、基础设施支撑体系的基础上,社会支撑体系主要为系统提供除物质之外的支持,如意识形态、政治体制、人口结构、人口素质、文化氛围、艺术气息、道德水准、宗教分类、法律法规及人的精神文明层次等。社会支撑体系建设应当注意以下几点。

(1)政府在推动循环经济发展方面扮演十分重要的角色

循环经济作为一种新的经济发展模式,其发展过程离不开政府部门的推动与监管。只有政府推行好的促进机制、好的鼓励政策、好的规划部署,加大宣传动员力度,企业与公众才能有更强大的动力进行循环经济建设。

从企业角度看,因为循环经济在多数情况下解决的是生产外部性的问题,所以循环经济要求企业履行社会责任,这会给企业带来成本负担。企业作为经济社会中的理性人,其存在的目的往往是实现自身利润最大化,企业会考虑边际成本与边际收益比,并自觉选择利润较大的商业行为,所以企业在进行循环经济建设与改造时往往容易丧失动力,不愿意主动配合政府提出的宏观战略政策。由于循环经济先期投入成本巨大,并且运行复杂、见效缓慢,因此,政府应当积极发挥作用。例如,健全和完善有利于循环经济发展的财税体系,建设有利于循环经济发展的绿色金融体系,制定和推行严格的循环经济法律法规等,从而推动企业自觉主动地推行循环经济。

从社会公众角度看,考虑到我国民众的总体素质及社会所处的历史阶段,一般民众很难真正理解并支持循环经济的推广,部分民众过度消费、忽视环保等问题,这也为循环经济的普及与推广设立了一个无形的障碍。因此,我们需要加强政府的主导作用,通过宏观调控、法律法规、政策宣传、激励制度、宣传策略等形式推动循环经济的普及与建设。例如,通过有力的宣传与普及活动,提高社会公众的绿色消费理念与参与循环经济的积极性,建立健全有效的绿色科技鼓励政策及绿色国内生产总值(gross domestic product,GDP)核算体系等。另外,政府在推动循环经济发展时,要避免社会分配机制、公平机制等出现问题,影响公众的利益。

(2)提高循环经济理念的社会渗透程度

循环经济作为一种新的经济发展模式,其推动和发展不但需要有法律法规约束企业的环境污染、资源浪费行为,有激励机制鼓励企业的绿色生产等行为,而且必须使循环经济理念成为社会公众普遍接受的理念,并上升为整个社会的文化,才能使公众自觉、主动参与循环经济建设。对企业来讲,当循环经济理念深入企业管理者内心时,管理者就会自觉地去发展和应用与循环经济有关的技术,自觉地提高资源利用率,自觉地维护企业周围环境,自觉地进行绿色生产;对高校和科研机构来讲,当循环经济深入教师和研究人员内心时,他们就会自觉地开展循环经济理论的宣讲和技术的研究,自觉地把自己接受的循环经济理念传达给学生,自觉地服务于地方循环经济发展的需要;对整个社会来讲,只有当循环经济理念深入社会公众内心时,他们才会自觉地监督危害资源环境生态的行为,自觉地对污染、浪费等形成社会压力,自觉地进行绿色消费。提高循环经济理念的社会渗透程度需要做到以下三点。

①建立公众参与的保障机制。应从立法上明确公众参与的程序、公众表达意见的处理、公众意见的效力等,通过完善的制度,使公众能够在环境保护和循环经济等领域有效地使用司法和行政程序,保护自身的合法权益和社会公共利益,实现对城市循环经济建设的参与等。

②建立公众参与的信息交流机制。区域循环经济系统是一个强大的物质和信息流动的综合体,大量的信息在这个系统里面集聚,为了使公众更好地参与循环经济建设,有必要建立专门为其服务的信息平台,使公众能够及时地了解循环经济建设方面的信息,为循环经济建设提供建议等,通过信息系统的完善加强公众之间的交流,为更好地推行循环经济政策出谋划策。

③必要的时候实行强制性公众参与。公众参与循环经济建设的前提是有足够的环境意识,否则难以产生足够的动力,舆论宣传与引导只是其中的一个方面,但是当这些措施无法推动公众积极参与循环经济建设时,可以采取一些强制性手段,如出台行政条例,不允许商场使用难以降解的塑料制品包装而必须用纸袋包装等,这样公众就会自觉地遵守这些规定,进而降低对环境污染的程度。

(3)以绿色消费带动绿色营销和绿色生产

绿色消费主要有两层含义:比较狭义的绿色消费是指消费绿色化,有助于人类自身的健康,如买无污染、健康的食品和饮料等;比较广义的绿色消费是指消费行为有助于人类生态环境的平衡与保护,人为减少对自然界的侵害与破坏,如购买可降解材料包装的物品以减少对环境的破坏、购买可再生资源制造的产品以节约资源等。传统的生产领域,往往为了满足产量需求,而不顾及消费环节的必要性,大规模的生产、原材料的无限制开采造成了严重的生产污染及消费之后的二次污染。随着全球化进程的不断加剧、市场化的不断深入，需求引导生产的趋势越发明显，消费环节成了主导企业生产的关键，而随着环境问题、生态问题不断深入人心，越来越多的消费者开始意识到绿色消费的重要性，这也迫使厂家开始认真考虑消费产品绿色生产的必要性。因为，工业生产对环境的污染和对资源的浪费，虽然会给企业带来短期的利益，但是长期下去会影响企业的整体形象和声誉，也会影响消费者利益，所以企业相当于增加了成本。因此，为了更好地参与市场竞争，越来越多的公司开始生产绿色产品、倡导绿色消费，有的产品甚至因为绿色的概念而相应地比同类产品提价 25% 以上，但销售情况依然良好。同样的调查显示，在德国，近 80% 的公民愿意购买环保处理的产品，并且不会因为环保因素导致产品成本增加而拒绝购买。绿色消费需要消费者在精神层面有足够的支持与坚定的信念，这就需要政府不断地对其进行宣传和指导，不能因为绿色产品价格相对高于普通产品而追求短期利益。绿色消费，不仅仅对自身的健康有益，更重要的是从长远来看对生态环境的健康有益。

二、区域循环经济系统的功能与特征

（一）区域循环经济系统的功能

循环经济最根本的理论基础是生态经济，如果把人类区域循环经济系统比作生态系统，这个复杂巨系统里面应该也包含类似于生产者、消费者、分解者等的角色。这些角色在各自完成自身任务的同时，实现了整个系统的内部物质循环、能量流动、信息传递和价值增值等。对应于区域循环经济系统，本章第一节阐述了其组成子系统分别为资源子系统、经济子系统、环境子系统，在这些子系统中，也分别有对应于生态系统中各个角色的部分。我们之所以在这里以生态系统模拟区域循环经济系统，是因为它们有很多相似之处，通过模拟可以发现一些有价值的东西。

如图 4-1 所示，按照生态系统组成及其功能对区域循环经济系统的功能进行模拟和描述。在生态系统中，生产者为整个系统贡献了大部分的能量来源，但是作为生产者能量来源的物质往往是自然界既有的，如阳光和水分为绿色植物的光合作用提供了必要条件。因此，相对应地，在区域循环经济系统中，资源就成为整个循环体系的开端，生产者从自然界获取资源之后开始进行生产。值得一提的是，生产环节往往不是一步到位的，有可能经过多个部门的共同协作或者按照不同流程加工之后才能生产出能够进入流通领域的产品，因此，图 4-1 中存在生产者 1 与生产者 n；当产品生产出来之后就会进入流通领域。

这里值得注意的是，随着市场信息化的不断深入，流通领域有的时候可以不存在于生产者与消费者之间，如在电子商务模式下，消费者获得产品可以不经过中间渠道而直接获得；当消费者对生产者的产品进行消费和利用之后，会产生废弃物与垃圾，在生产过程中也会产生废料与垃圾，这时如同生态系统中的分解者一样，在区域循环经济系统中会出现对废弃物与垃圾进行回收的部门，这个部门充当分解者的角色，它会将回收的废弃物与垃圾进行分类处理，可以再进行利用的会回到生产部门再行利用，或者通过其自身的加工转换成可以再利用的资源再次投入下一个循环过程,不可再利用的废弃物与垃圾将对其进行环保性处理。整个模拟的过程中能够体现出区域循环经济系统具有以下三大功能。

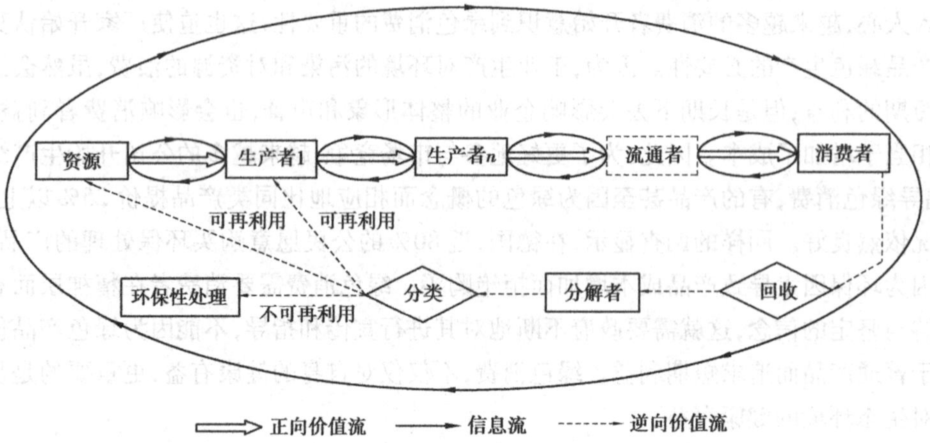

图 4-1　区域循环经济系统功能模拟图

1. 物质循环

显而易见的是,区域循环经济系统所发生的一切活动都是以物质循环为基础的,为了满足系统中人类物质生活的需要,同时为了获得更多的经济利益,生产部门会按照社会需求选择资源进行生产,而产品生产出来之后进入流通领域,分销、批发、铺货、配送等过程会使产品流通到更广阔的范围,当产品通过流通领域进入消费者手中时,物质的正向流动就完成了,这个过程在图 4-1 中用空心箭头标注。

由于循环经济系统是一个物质的闭环流动过程,因此,当消费者使用完毕之后,会产生废弃物与垃圾,生产过程中也会出现废料与垃圾,这时系统内的回收部门会将废弃物与垃圾进行回收,并在回收的基础上进行分类处理,将能再次利用的转变为资源或半成品再次进入生产领域,参与下一个循环,到此实现了物质的逆向流动,这个过程在图 4-1 中用虚线箭头标注。这个模拟的过程如果应用到区域循环经济系统的实际中则可以非常形象地说明整个物质循环流动的过程,如每个区域每天都要引进大量的食品、饮料、生产原料或者半成品等,这些材料进入生产领域进行加工,产生新的产品,产品生产过程中出现很多废弃物与垃圾。同时,当产品进入流通领域后到达消费者手里,又会产生很多消费废弃物与垃圾,城市的清洁系统会对这些废弃物与垃圾进行分类处理,再次利用。正是借助于这些高密度、高速度的物质循环流动过程,一个城市或者区域才能实现自身的新陈代谢,经济发展和人的生活水平的提高才能得到根本保障,因此,物质循环功能是整个系统的一个基础性功能。

2. 信息传递

在整个区域循环经济系统中,伴随着物质流、能量流、价值流循环流动的过程,也会有大量的信息处于循环流动的状态。因为整个系统的运作离不开人类的操纵,而社会早已进入了信息时代,互联网、无线通信技术等应用于物质流动的各个阶段,因此,当人对系统中的各种流的状态进行认识、加工、传递和控制时，就会伴随着信息的掌握与传播。同时，开展对区域循环经济系统的建设与维护也离不开大量的信息传播。例如，兴建水利基础设施时，必须要了解当地的水文信息、地质结构信息、气候信息、生态信息、环境质量信息及理化信息等，而这些信息的获得离不开在整个大循环过程中信息的积累与传递。在经济子系统运行时，瞬息万变的经济信息、国际政治时局信息、国际军事信息等都对经济的发展产生重大影响，因此，这些信息也将参与整个大循环过程。

一个系统的有效运作离不开信息的流动，因为这个系统中存在大量的人员流动，人员流动的同时会产生各种目的与动机，这些目的与动机的完成与实现离不开大量信息的收集与积累，因此，人员在流动的同时也促进了信息的流动。另外，整个区域也存在行政地理划分，大到省(自治区、直辖市)，小到乡镇村落，都有自己的信息传递渠道，如新闻传播网络、计算机网络、电话、无线通信设备等，这些交叉型的信息网络会进一步促进信息的循环流动，在一定程度上促进物质和能量的流动。

3. 价值创造与增值

价值创造与增值过程是显而易见的，如同生态系统一样：植物利用空气和阳光进行光合作用是一个价值创造与增值的过程，动物以植物为食也是一个价值创造与增值的过程，再顺着食物链向上走，高端生物以低端生物为食，又是一个价值创造与增值的过程。对人类的循环经济系统来说，这个功能是类似的，生产部门将价值相对较小的原材料通过自身的加工制造，生产出了产品，创造了价值，这些产品进入流通领域，通过一定的营销手段，进入消费者手中，这个过程实现了价值的增值，因为它给整个流通流域带来了利润。最后，消费者使用完该产品之后，回收部门把原本要扔掉的垃圾与废弃物进行分类处理，或者将其直接转化为生产材料进入生产领域，或者对其进行一定的加工使其变成资源进行再使用，这样也把无用的废弃物变成了可再生资源，实现了价值的增值。同时，由于整个系统是一个复杂的生态网络，一些企业可以通过形成产业生态链、企业共生集群等形式，进一步实现资源和废弃物的转化与利用，这样价值增值的过程将更加迅速和直接，价值增值的幅度也将迅速提高。

(二)区域循环经济系统的特征

区域循环经济系统和其他的人工生态系统一样，是一个由自然组分和人工组分相互渗透形成的、受人干预的、具有多层次结构与功能的复杂巨系统，但是与其他人工生态系统相比，其资源、能量、信息等流通量更大。其除了具备一般经济系统的特点外，还有一些自身独有的特点。

1. 开放性

区域循环经济系统的运转与发展离不开和外界能量与信息等的交换，这是因为：一方面，该系统的运转始端是资源的输入，而一个区域理论上不可能具备该区域经济生产所具备的所有资源品种，即使具备，其含量也有限，需要依赖从系统外部引进；另一方面，系统本身也要与系统外部进行大规模的物质、能量、人力、信息等的交换。当外部资金、技术、信息等进入系统之后,会为系统的运作提供更加充足的动力和能量,而这些动力和能量所产生的成果往往也需要向系统外部进行输出,实现资源的互通与互补,尤其是在全球化的大背景下,经济系统已无法独立地存在于其他系统之外而不与之进行能量交换与往来。因此,区域循环经济系统具有很强的开放性。

2. 整体性

区域循环经济系统是一个由经济子系统、环境子系统、资源子系统构成的复杂巨系统,每个子系统都具备不同的特点,这使区域循环经济系统更加复杂。但是,每个子系统都无法脱离区域循环经济系统的整体而单独存在,区域循环经济系统具有各个子系统的功能特点。它能够通过物质、能量、信息的流动而实现价值的增值,同时闭环流动的存在使废弃物得以重新利用,这是每个子系统都不能单独承担的。另外,区域循环经济追求的是可持续发展,可持续发展的最终目标是实现人类与自然的和谐与统一。从这个方面看,区域循环经济系统正是因为其整体性的存在才能够更好地协调、优化各个系统之间的配合与协作,使整体效益实现最大化,而不是局部某个系统过快发展,影响其他几个系统的平衡,这也正好体现了可持续发展理念的要求。

3. 复杂性

区域循环经济强调的是自然、环境、社会、经济等众多方面的和谐与统一,因此,其涉及的问题极为复杂。在理论基础方面,区域循环经济系统的建设需要引用诸如物理学、生物学、化学、地质学、环境科学、经济学、人口学、生态学等多种学科的知识。在每个子系统内部,又要对支持这种子系统运转的理论知识进行更详细的分类,如经济子系统的运转需要应用资源经济学、环境经济学、价格经济学、区域经济学等多种分支。同时,由于系统内部的层次结构多种多样,如从企业清洁生产,到供应链的生态化改造,再到企业共生、产业园区、产业集群等,区域循环经济系统内部的经济部门林立,错综复杂,如果再涉及各个子系统之间的连续迭代过程,就会更加复杂。

4. 高效性

区域循环经济的全新理念要求经济增长转变传统的高开采、高耗能、高污染的线性经济增长模式,转而以低开采、低耗能、低污染、高质量的方式发展经济。从长远来看,在这种理念的指导下,产业层面要不断地提高和改进生产技术,大力加强科技投入,使物尽其用、人尽其才,使每一份资源都发挥出最大的使用价值,各个行业间密切配合、共生发展;要不断优化产业结构,调整产业布局,促进生态产业链、价值网络的形成,使物质能量和信息流动速度加快,形成高效运转的生产系统和控制系统;要在生产末端加大技术的投入,实现废弃物的再生利用,甚至可以改变生产流程,把废弃物通过转换直接投入再生产的过程中,进一步提高效率,使经济增长的质量得到大的飞跃,实现可持续发展。

三、区域循环经济系统的概念模型

如前面所述，区域循环经济系统由3个子系统（经济子系统、环境子系统、资源子系统）、3个支撑体系（技术支撑体系、基础设施支撑体系、社会支撑体系）构成。这3个子系统与3个支撑体系就如同整个系统的骨骼，搭建起了整个区域循环经济系统的基本框架。在这个大框架的基础上，区域循环经济系统通过整体的调控与协调，实现了物质循环、信息流动、价值创造及增值等诸多功能，体现了其所具有的开放性、高效性、整体性及复杂性等多方面的特点。在此基础上，整个区域循环经济系统就如同一个完整的巨人，除了具备坚固的骨架之外，也有内外部器官与血液，整个机体开始有效地运转，同时实现与外界的沟通与交流。基于以上的分析，搭建起区域循环经济系统的概念模型（图4-2），对这个系统的组成与运行进行直观的表述和总结。

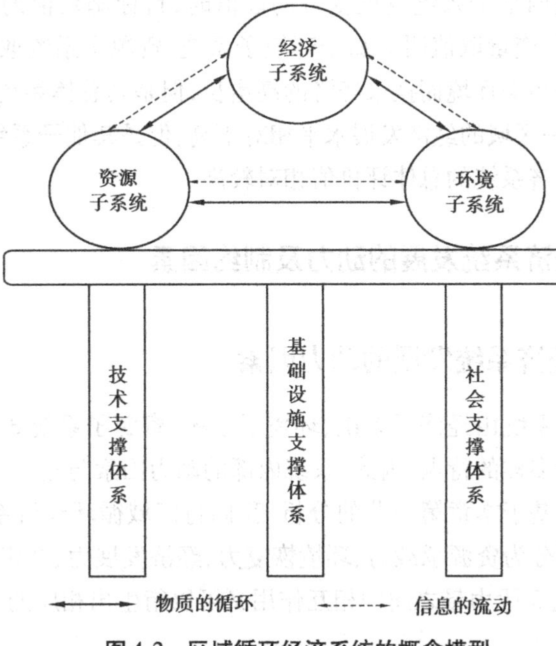

图4-2　区域循环经济系统的概念模型

区域循环经济系统所追求的目标是实现各个子系统的协调与均衡发展，进而实现整个系统的效益最大化，最终实现区域可持续发展的目标。如果从这个角度出发，可以把区域循环经济系统的整体效益当成目标函数，系统整体效益最大化的过程就是这个目标函数实现最优化的过程。同时，由于系统由3个子系统构成，因此，可以把这3个子系统看成影响目标函数变化的自变量，这样就能建立如下概念模型。

目标函数：

$$\mathrm{OPT(RCES)} = F(X,Y,Z)$$

约束条件：

$$X_{\min} \leqslant X \leqslant X_{\max}, Y_{\min} \leqslant Y \leqslant Y_{\max}, Z_{\min} \leqslant Z \leqslant Z_{\max}$$

式中，OPT(RCES)为区域循环经济发展状态或程度；X为资源子系统发展变量；Y为环境子系统发展变量;Z 为经济子系统发展变量。

每个子系统发展变量都在其各自的最小边界值和最大边界值之间取值。

①该目标函数只是从概念上反映出区域循环经济系统模型的意义,并没有深入地探讨每个子系统发展变量的量化及计算过程,只起到说明和表征作用。

②目标函数是对区域循环经济系统整体运行状态或程度的一种反映,当每个子系统自变量的取值都达到理论上的最大值时,目标函数取值为 1,即 OPT(RCES)= 1;相反,当每个子系统自变量的取值都为理论上的最小值时,目标函数取值为 0,即 OPT(RCES)= 0。这种假设只在理论上成立,实际运行中,3 个子系统的取值不会达到理论上的最小值,也不会达到理论上的最大值。因此,目标函数值会在 0 到 1 变化,即 0<OPT(RCES)<1。

③目标函数的值虽然由 3 个子系统发展变量的取值决定,但是,这 3 个子系统之间的关系、重要程度、权重系数等都没有给出说明。这意味着,当某一个子系统发展变量取值较高,甚至明显高于某一个或两个子系统发展变量的取值时,目标函数值的变化趋势不能确定。例如,当经济子系统发展变量取值明显高于环境子系统、资源子系统取值时,有可能是因为该区域过度开采资源和污染环境而换来经济的高增长,但是其总体系统的发展程度并不高;或者正好相反,虽然某一区域的经济发展水平相对不高,但是其他子系统达到了相当高的水平,因此,该区域循环经济系统的总体评价值相对较高。

四、区域循环经济系统发展的动力及制约因素

(一)区域循环经济系统发展的动力因素

由于区域循环经济系统由经济子系统、环境子系统、资源子系统 3 个子系统构成,每个子系统都具有各自复杂多样的特点,因此,系统内部的动力因素与这 3 个子系统自身及它们之间的相互作用有关。基于本章第一节的分析,我们将区域循环经济系统这个复杂巨系统发展演进的动力因素划分为资源承载力、环境恢复力、经济发展力、技术推动力、社会稳定力 5 股主要力量。同时,这 5 股力量之间的相互作用又可以衍生出相应的动力机制。

1. 资源承载力

资源是人类社会赖以生存和发展的基础,人类所有活动的基础都是从资源的获取开始的。纵观人类发展的历史,每时每刻都离不开从自然界获取能量,从简单的温饱需求到复杂的大规模经济发展,没有资源的承载力量,人类的进化与发展就无从谈起,资源分类及名称见表 4-1。同时,资源的数量和质量承载着一个地区存在和发展的最初也是最终动力,一旦生产资源枯竭,人类的经济活动就会停滞;一旦生存资源枯竭,人类的生命就将走向终结。然而,自从第一次工业革命以来,人类的生产生活就建立在大量消耗资源的基础上,对自然资源进行大规模掠夺式开采,造成了资源的过度消耗,使资源的承载能力到了濒临崩溃的边缘。就石油来说,据预测,到 2025 年全球石油消费需求将达 60.5 亿 t,以此计算,石油可开采年限不足 30 年,尤其对快速发展的中国来说,石油的供需缺口会越来越大。

表4-1　资源分类及名称

资源分类			资源名称
自然资源	不可再生资源	可更新资源	生物资源、森林资源等
		不可更新资源	金属矿物、煤、石油等
	可再生资源	恒定性资源	太阳能、潮汐等
		非恒定性资源	水资源、大气资源等
人工资源			电力资源等

因此，在可再生资源开发能力尚不足以使其大面积普及之前，人类首先必须注意对资源的开采程度，建立可循环利用、再生的体系，保护资源承载力，才能在有限的资源承载力之下维持现有的发展轨道和发展速度。要改变过度依赖不可再生资源的状况，大力对可再生资源进行生态型开发，从而彻底改变人与资源矛盾的现状，使人类的生产生活不再受制于资源，为人类与自然和谐共生、可持续发展打破资源瓶颈。区域循环经济正是在这样的指导思想下提出的。首先，从输入过程关注资源承载力，注意保证资源利用的合理性；其次，探索从根本上彻底解决资源承载力存在极限的状况。只有这样，才能够更好地维护资源承载力，整个区域循环经济系统也才能继续得到资源承载力的足够支撑。

2. 环境恢复力

人类社会除了从生态系统中大量掠取资源，还会把利用资源后排出的垃圾和废弃物等排向周围环境。当然，对地球上其他的生物来说也是如此。自然环境有一定的自我修复能力，所以在农业社会时期，极少有区域会出现不可逆的环境问题。但是，自然环境的自我修复又是有限度的，进入工业社会后，自然环境对人类废弃物造成的侵害的修复能力越来越差。环境恢复力主要是指人类赖以生存的自然环境对人类肆无忌惮的污染排放、废物堆砌、资源浪费等对环境自身的干扰和耗损行为的一种容纳台邕力。通俗地讲，环境恢复力就是环境对人类的宽容和忍耐能力。环境恢复力以其对人类影响的缓冲性，维护一个地区人类的生存和发展，是可持续发展的另一个基本支撑能力。如果人类行为超越了环境恢复力，不但不能实现可持续发展，甚至还会殃及人类自身的生存和发展。区域循环经济系统中，强调了对环境恢复力的尊重和敬畏，强调了减轻对生态支持能力的过度耗费，并在一定程度上对其进行修补与维护，使这种恢复力更好地为系统整体的发展提供持续的支撑能力。

3. 经济发展力

人类追求更好物质生活的欲望是促进人类社会各项事业发展的本质动力，而作为满足人类对物质生活不断增长的追求欲望的最好手段就是经济发展。经济发展推动人类社会不断进步，新的生产力和生产方式也在这种动力下不断诞生，又不断被革新，因此，经济发展力将为区域循环经济系统持续提供最具直接影响力的动力。如果资源承载力和环境恢复力是基础型力量，那么经济发展力就是一种发动型力量。它在资源承载力和环境恢复力的基础上有了更进一步的推进和发展，促使区域循环经济系统产生源源不断的物质动力，不断向前发展。经济发展力最突出的特点是对资源、物质、能量、信息的整合与加工作用，单一形式存在的如自然资源、人力资源、技术资本、金融资本等，其本身就像化学世界里的各种元素，只有这些元素组合在一起或者发生各种化学反应时才能产生新的化学物质，迸发出新的能量。经济发展力的作用就像化学反应中的一种黏合剂，它能够把不同的资源集中在一起，并使它们相互发生作用，最终产生更大的能量，创造更大的价值，从而实现物质、能量、信息的整合，以及全新价值的创造和转移。它能在系统的最大负载范围之内，最大限度地满足人类的物质需求。但是，值得注意的是，如同化学反应发生的前提一样，必须有参与反应的物质和能量，而经济发展力发挥作用的前提同样需要有足够的资源和能量进入系统，一旦资源的供给或者能量的补充发生断裂或是供给不足，经济发展力就会受到影响。因此，作为区域循环经济系统的一种重要动力，经济发展力发挥作用依赖于完整的资源承载力和环境恢复力，它们之间是一种因果关系，又是一种线性关系。明确三者的关系后，发展循环经济不但要求对经济发展力的作用方法进行调整，而且要求对整个生态系统的资源承载力和环境恢复力足够尊重，要顺应生态系统客观规律而建立经济体制结构，发挥地域特点并进行合理的产业结构布局，充分发挥宏观调控作用下资源配置与市场功能的有效结合。只有这样，才能在维护资源承载力和环境恢复力的基础上，最大限度地发挥经济发展力。

4. 技术推动力

科学技术发展的出发点是改善人类生活。以机器代替手工的第一次科技革命和电力发明、推广的第二次科技革命，解决的都是动力问题，都是以大量消耗资源为基础的，而且具有很强的反环境性，也正是它们的资源耗费性和反环境性，才爆发了大量的生态问题，使循环经济受到重视。以原子能、信息技术推广为主题的第三次科技革命，已经不再建立在损坏生态的基础上，而是越来越具有减量化、再使用、再循环的特点，这说明在第三次科技革命阶段，人类解决动力的方式不再依赖不可再生的化石资源，不再透支环境恢复力，这种特点会越来越明显。尤其是在当今科技界，低能耗、低排放、低污染的发明已经成为共识，修复环境和生态的技术受到鼓励，粗放笨拙的技术发明越来越没有市场并受到多方面压力。在这种情况下，科技的发展已经是循环经济发展的推动力量。循环经济的推广需要大量的创新技术，如清洁生产、资源减量化技术、生产流程改造技术、污染治理技术、废弃物回收再利用技术、供应链集成技术、信息系统管理与更新技术、工业园区设计与布局技术等，很多循环经济发展的技术问题已经得到解决，并且成本不断降低。在人类动力源彻底变革和世界性循环型技术突破的推动下，循环经济的关键技术制约问题正不断得到解决，区域循环经济的发展已乘上这辆“顺风车”。

5. 社会稳定力

在区域循环经济系统的发展中，社会稳定力就像化学反应中的催化剂或稳定剂。社会稳定力包括社会公平能力、社会保障能力及道德约束能力 3 个方面。在资源承载力和环境恢复力的基础和限度之内，经济发展力将发挥其最大功能努力满足人类的物质需求，但是，在这个过程中，往往会出现一些影响系统整体稳定的社会因素，就像化学反应中，如果不添加某些催化剂或稳定剂，则很有可能因反应发生过快、能量爆发得过于强烈而产生负面的效果。为了维持区域循环经济系统的整体稳定，社会稳定力的作用是必要的，它起着调节系统整体发展速度、强度、进度的作用。

(1)社会公平能力

如果资源归全人类共有成立，那么在一定程度上区域循环经济系统在资源承载力和环境恢复力下所产生的经济效益应该是区域所有人、机构共同努力的成果。原始资源的获得、经济发展过程的演进、利润的分配等都应该遵循大的公平原则，而不应该只对少部分人有利。例如，某大型企业可能因为规模效益而具有资源的优先利用权，又可能因为其规模大能够兼并很多小的企业，享受更大的利润。但是，应该看到，这样的大型企业在创造巨大社会财富的同时也在大量地消耗着资源承载力和环境恢复力，有限的生态支持如果都被这样的大型企业所消耗，那么系统中的其他人就要平摊很多被其占用的有限资源。因此，正是因为有了公平能力的存在，社会系统会约束、调整该企业的行为，强调它的社会责任，使更多的人在公平机制的作用下享受更多资源承载力和环境恢复力的眷顾。

(2)社会保障能力

无论怎样强调资源的合理分配、公平机制的建立，资源的稀缺性还是决定了不可能实现完全的公平，系统中一定会存在相对资源获取较少的人。这个时候，为了维护系统整体的稳定，社会保障能力就会发挥它的作用，为那些享受不到资源承载力、环境恢复力与经济发展力的人提供保障。社会保障能力提供了一种社会契约、经济分配和人权保障，分摊了社会风险，能够转移损失、补偿利益、调节各种社会关系和社会矛盾、保护社会成员最基本的生存权与发展权、维系整个社会稳定和正常运行。它体现了社会稳定力的一种核心的作用方式，能够对系统健康稳定发展提供强有力的支撑作用。

(3)道德约束能力

如果资源承载力、环境恢复力、经济发展力强调的都是硬件条件，那么社会稳定力更多强调的是软件条件，其中，道德约束能力就是软件条件中的关键。政府宏观调控、政策法规的出台、社会制度的建立等是外在的约束力量，而真正能够使人自发维持社会稳定的是人自身的道德约束能力。一般的道德约束能力所涉及的范围比较广泛，这里不再赘述。针对区域循环经济系统而言，道德约束能力主要指的是循环经济建设的参与者，在其以往的经济或生活中所运用或行使的对资源承载力及环境恢复力不利的行为，是否能够通过自身道德价值观得以更正和变革。例如，某个企业以往以粗犷的经营模式取得了高利润的回报，但是随着资源的减少、环境的污染，这个企业也在严重破坏和透支资源承载力及环境恢复力，此时需要企业考虑社会责任感，而系统内的道德约束能力也会相应地发挥作用，使其反思以往行为并改正，这样就能使循环经济的运行更加顺畅。又如，公众以往浪费、过度消费的现象在系统道德约束力的作用下会被绿色消费、环保意识所代替，进而使公民更加注意从自身做起，积极投身循环经济的建设。

(二)区域循环经济系统发展的制约因素

区域循环经济系统的发展除了以上几种动力机制之外,也存在一定的制约因素,这种制约因素主要包括以下几种。

1. 区域内的生态状况

区域内的生态状况可以分为资源状况和环境状况两种类型。对于资源,它是系统动力的最终来源,没有资源的投入,循环经济系统就无法真正运转。资源的分布有着很强的地域性,平原、山丘、沙地等不同地形的资源含量可能完全不同,因此,不同地理位置、不同气候条件的区域都可能造成资源分布的不均衡,进而影响资源的开采与加工利用,这在一定程度上成为约束这个区域资源承载力和环境恢复力的不利因素。如果一个地区的大部分资源要依靠外部环境的供给,那么这个地区很可能因为资源的不足而受到外界环境过大的牵制与影响,这对系统本身的发展是极为不利的。另外,生态状况还要考虑环境问题,环境问题的产生有可能是因为区域地理位置、气候条件等,如我国东北地区和华南地区因为地理位置的不同,气候条件完全不同,所以两地的环境条件迥然不同,北方风沙大、多干燥,因此,干旱的可能性增多,而南方雨水多、洪涝灾害频发,这就给建设循环经济系统带来了很大的麻烦,削弱了区域循环经济系统的资源承载力和环境恢复力,对其发展产生不利影响。

2. 区域内的经济发展状况

在一国或地区的发展过程中,特别是在工业化进程中,当一个国家经济发展水平较低的时候,环境污染的程度较轻;随着人均收入的增加,环境污染的程度由低趋高,环境恶化程度随经济的增长而加剧;当经济发展达到一定水平后,随着人均收入的进一步增加,环境污染的程度又由高趋低并逐渐减缓,即经济发展水平与环境污染程度总体上呈现一种“∩”形曲线关系。

据研究表明,当人均 GDP 达到了 5 000 ~ 10 000 美元时,环境库兹涅茨曲线才会出现转折点。因此,可以推出以下结论:当地区人均 GDP 小于 5 000 美元时,经济发展水平越高的地区环境质量越低;当地区人均 GDP 大于 10 000 美元时,经济发展水平越高的地区环境质量越高,这称为环境质量的“∩”形分布规律,如图 4-3 所示。当前我国人均 GDP 水平低于环境库兹涅茨曲线的转折点,因此,我国总体上呈现出由西向东环境质量逐渐下降的变化趋势。实证研究表明,目前我国各区域的资源承载力和环境恢复力与经济发展水平相反,也就是经济越发达的地区,其资源承载力和环境恢复力越低,资源环境的负荷越高。由于目前我国仍处于经济总量不断增长的过程中,加之我国人口众多导致的人均 GDP 值达不到曲线的转折点,所以目前我国大部分经济发达区域的环境支持力属于透支状态,而环境支持力相对好些的区域经济发展水平又较低。令人担忧的是,随着这些地区未来经济水平的不断增长,是否又会出现目前经济发达地区的恶性循环,这些将成为区域循环经济系统发展的制约因素。

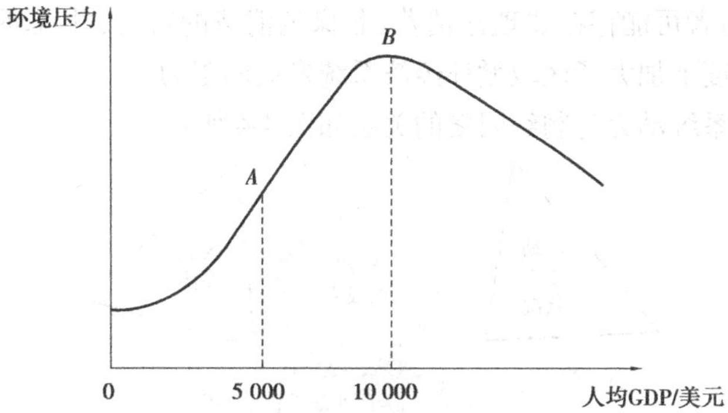

图 4-3　环境库兹涅茨曲线

3. 区域内的政策、制度

区域循环经济的发展，离不开当地政府对循环经济及其相关事宜的政策制定与执行。一个地区的发展方向主要靠政府进行规划和运作，循环经济的发展是一项很大的系统工程，政府担当整个体系的设计与规划的角色。同时，各项制度是否完善也关系到能否顺利推动循环经济各个环节的实施进度。例如，政府的税收政策直接关系到推广循环经济技术的创新型企业是否愿意落户在本区域，政府的创新激励政策也直接关系到一些新技术的研发、应用与推广能否顺利实现。同时，政府担当本区域基础设施建设、人才引进、宣传普及循环经济知识等的重要角色。需要指出的是，我国改革开放以来一直实行粗放式的经济增长模式，政府为了追求 GDP 的高增长，往往不惜以较高的资源和环境代价换取经济的高增长，这直接造成了目前我国资源承载力和环境恢复力被严重破坏。中央政府逐渐认识到了这个问题的严重性，并出台了一系列政策，这给地方政府提出了新的工作任务。但是，对地方政府而言，经济指标的完成依然是一项艰巨的任务：一方面，其面临中央政府提出的生态建设的重任；另一方面，其也需要完成经济增长总量指标的考核。这就涉及一个长远利益和近期利益的平衡问题，这是考验地方政府执政能力的难题，如果处理不好这个问题，很有可能使循环经济沦为空谈，经济发展重走老路。这个问题不解决，区域循环经济系统的发展就将受到很大的制约。

4. 区域内的公众生态意识

虽然区域循环经济系统的推动主要依靠政府和企业的共同努力，但是区域内的公民生态意识对系统的发展也至关重要。资源承载力和环境恢复力，从表面上看，这似乎和普通公民没有太大关系，但是，人类对自然的破坏往往都是由自身需求的不断升级造成的。企业进行大规模资源开采与利用，最终将资源生产成产品，是为了满足消费者日益变化的消费需求，因此，资源的终端拉动还是人类的需求。如果一个区域内的公民没有生态意识，对资源的浪费没有足够重视，这种需求很有可能还会继续拉动企业进行资源的大规模开采利用，而一旦终端消费者开始意识到资源的有限性，开始把环保意识纳入自己选购产品的标准中，就会使企业不得不考虑环保因素，从而改变生产流程。在我国，目前居民的生态意识还处于逐渐觉醒的阶段，消费者可能存在非理性消费、非绿色消费的行为，并且环境保护意识相对淡薄。这也在一定程度上加大了区域循环经济系统发展的阻力。

区域循环经济系统动力与制约因素的关系如图 4-4 所示。

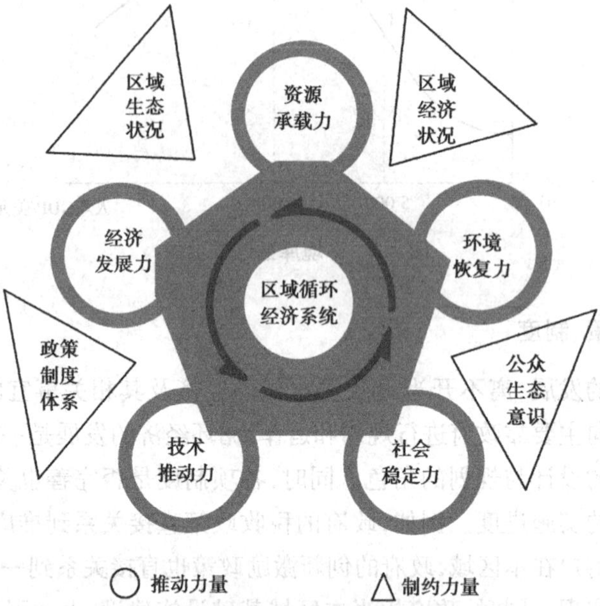

图 4-4　区域循环经济系统动力与制约因素的关系

第二节　黄河三角洲区域循环经济的资源、能源观

一、黄河三角洲区域循环经济的水资源观

循环经济最重要的概念是循环，是形成一种新型工业化的生产模式，在资源系统承载力范围内，与自然资源循环协调，从而保证自然系统的动态平衡，保证生态系统的良性循环。水资源既是基础性的自然资源和战略性的经济资源，又是生态与环境的控制性要素。下面从水资源开始介绍自然资源的循环情况。

（一）区域水资源的供需平衡

目前，水资源的供给方主要包括地下水、地表水、外流域调水、污水处理回用和海水淡化；水资源的需求方包括生活用水，第一、第二、第三产业用水和生态用水。其关系如图 4-5 所示。

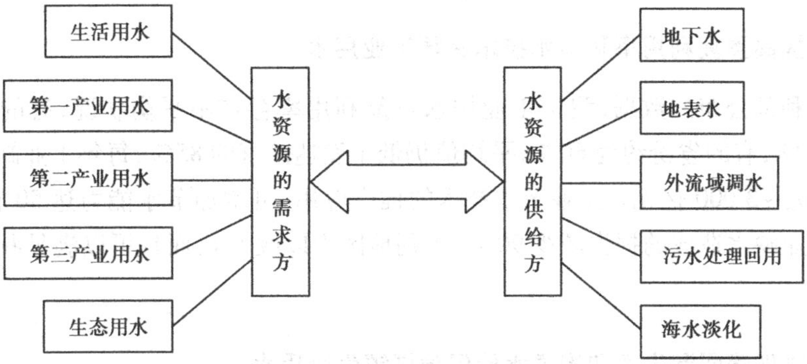

图 4-5　水资源的供求平衡

2016 年的《中国统计年鉴》显示，我国 2015 年人均水资源量为 2 039.2 m^3，大约是世界平均水平的 1/4，居世界第 109 位，已被列入世界 13 个贫水国家之一。我国水资源面临的态势是水多、水少、水脏、水浑和水生态失衡。水多是指洪涝灾害和水资源时空分布与经济发展的布局和要求不匹配；水少是指水量型和水质型缺水；水脏是指水环境遭到破坏，使水源达不到生活和工农业用水的要求；水浑是指水土流失，使水资源难以对土壤、草原和森林等资源起保证作用；水生态失衡是指江河断流、湖泊萎缩、湿地干涸、土壤沙化、森林草原退化导致土地荒漠化等一系列主要由水问题引起的生态退化。水资源状况直接影响经济社会的发展和人民生活水平的提高。

保证供需平衡的基本方针是开源节流，以节约为主。因为水是短缺资源，应提高水资源利用率，减少需求；工农业和生活都要节约用水；削减排污总量，节约环境用水；加强水土保持，节约生态用水。同时，要以经济与生态效益为核心科学合理开源；充分利用地下水，努力使污水资源化，科学开发淡化海水，通过系统分析，审慎实施调水。充分利用大气水（主要是指拦蓄雨水），合理利用地表水（是指计划用水），科学利用地下水（是指根据补给分析利用浅层地下水），限制利用深层地下水。遵照以上原则，以水文的科学测报和分析为基础，根据国民经济发展、人口和生态变化，做出近期、中期、长期的用水规划，以水资源供求曲线为依据来保障水资源的供需平衡。

（二）在循环经济指导下实现区域水资源供需平衡

1. 通过提高灌溉用水有效利用系数保障农业用水

2016 年，我国耕地实际灌溉亩均用水量为 380 m^3，农田灌溉水有效利用系数为 0.542，而发达国家灌溉水有效利用系数一般为 0.7 ~0.8。2015 年，我国耕地面积为 135 万 km^2，如果我国农业灌溉水有效利用系数提高到 0.70，可增加节水能力约 419 亿 m^3/年。2016 年，我国粮食产量为 6.16 亿 t，而需求为 6.85 亿 t，缺口仍然较大。提高灌溉水有效利用系数，对提高粮食综合生产能力、缓解水资源贫乏状况意义重大。

2. 通过提高重复利用率和节水技术保障工业用水

根据水利部公布的数据，我国工业用水重复利用率存在不平衡状况，有的省份达到了80%甚至90%，有的省份约为60%，平均值仍低于发达国家的85%，每年工业缺水造成的损失达2 000亿～3 000亿元。工业节水技术的推广应用，可增加节水能力达50亿 m^3/年，不仅可以使工业缺水造成的损失减少90%（个别地区难以改变），而且可以满足我国工业用水的需求。

3. 通过降低管网漏失率和提高水价保障城镇生活用水

根据国家统计局发布的数据，2002—2016年，中国城镇化率平均每年增加1.19个百分点，但是2016年年末城镇化率仅57.4%，户籍人口城镇化率低于40%，远低于发达国家80%的平均水平。这意味着我国的城镇化率还会长期增长，城镇用水需求压力还会很大。

我国城镇供水管网漏失率大于12%，远高于发达国家5%的水平。2016年，城镇居民生活用水为636亿 m^3，因管网漏失造成的水资源浪费每年达76亿 m^3，而且漏失的是优质水资源。如将漏失率降低到10%以下，则每年可节水13亿 m^3。通过提高改进水价机制，预计可使全国城镇居民人均生活用水（含公共用水）从2016年的220 L/天，降到180 L/天的水平，年增加节水能力100亿 m^3 以上。这两项措施可弥补目前城市用水缺口。

4. 其他措施

水利部公布的《2016年中国水资源公报》和住房和城乡建设部公布的《2016年城乡建设统计公报》显示，2016年我国废污水排放总量为765亿 t，城市污水处理率为93.44%，农村生活污水处理率为22%，农村生活污水处理率还有较大增长空间。若能有效提高污水处理率和增强中水回用，则可有效改善我国城乡生活用水的供给。

此外，据报道，每年我国粮食浪费量在800万 t 以上，节约这部分粮食相当于节约用水80亿 m^3/年，可满足城市人口增长的要求，还可以逐步增补生态系统的缺水。

此外，2015年，我国海水淡化量已经达到260万 m^3，而且我国海水淡化的成本与国际平均水平相当，但海水淡化规模却只有世界的1%。只要高度重视，增加财政和技术投入，加强海水淡化关键技术和设备配套能力，改善甚至排除海水淡化对环境的负面影响，就可以满足沿海城市用水增长的需求。

（三）在循环经济指导下创新区域水资源利用

1. 建立循环水产业链

在循环经济的生态系统理念中，通过防洪设施建设和水环境整治可改变水生态系统的环境效益，直接拉动相关区域的地价，形成产业链，水环境整治产生的地价效益应部分返还水环境整治的投入。循环水产业链提升了水产业在循环经济中的地位。

水产业是极易形成循环链的产业。城市水产业可以由自然水、经营性水库、自来水厂、供水公司、用户、排水公司、污水处理厂、中水公司构成一个封闭的产业链，以实现水资源循环（吴季松，2003），如图 4-6 所示。

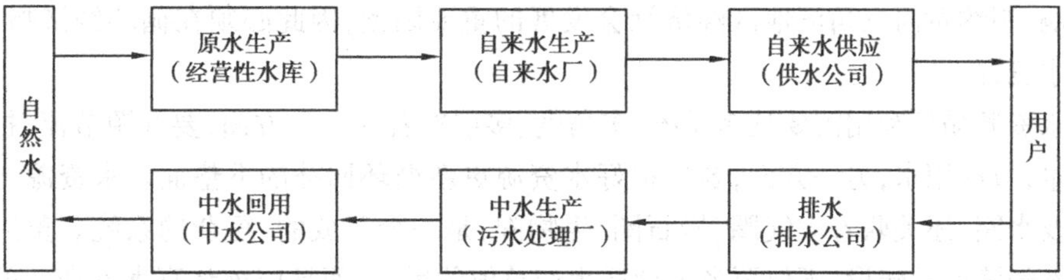

图 4-6　水产业链的封闭循环

水产业实行绿色产品市场准入制度势在必行，为此应采取以下措施。

①大力提倡国际标准 ISO 14000 绿色产品认证。如果本厂污水处理达不到高标准，应向污水处理厂付费治污，以达到认证标准，就像日本丰田汽车公司把多道中间工序分散到小公司一样，由污水处理厂代替 ISO 14000 绿色产品认证厂家完成污水处理。

②在污水处理厂的建设规划中，统筹考虑其市场前景和运行机制。

③政府宏观调控水价中的污水处理费用部分，使用过的水再处理也要计入成本。当污水处理厂运行困难的时候，要实行污水处理费的保护价政策，使污水处理厂能保本微利。

据估计，到 2030 年和 2050 年，随着城市化水平的不断提高，我国相应的城市需水量将分别增加到 1 220 亿 m^3 和 1 540 亿 m^3 左右。因此，供水市场的需求量增幅可观。循环水产业发展前景广阔，供水能力和污水处理能力今后都将面临一个提升的过程。专家预计，以供水和污水处理为代表的中国城市水产业将成为全球最大的水产业市场。以水产业为依托，还可以发展生态旅游业、生态观光农业，建设生态家园。

2. 建设循环水务

循环水务理念就是统筹水资源管理，统筹供水安全，统筹治理水污染，统筹再生水回用，形成从天然水资源到供水排水再到再生水资源的循环。水循环可分为两个方面：一是水的自然形态循环，从降水到地表河流、湖泊，地下水蓄存，到蒸发再降水；二是人类用水的循环，即"水源—蓄水　引水—供水—排水—污水—再生水—再生水源"。区域应当努力实现内循环（即本圈循环）和外循环（即两圈互循环）的有机统一，建设一种良性循环的水务机制。按照循环水务的理念，解决水资源紧缺的举措包括：一是保护水资源；二是搞好应急水源工程建设；三是加快治污步伐；四是加快节水型社会建设进程；五是加快水利信息化建设进程。

（四）以循环经济指导黄河三角洲水资源利用

黄河三角洲属于温带大陆性季风气候区，年平均降水量为 555. 9 mm，实测年降水量呈逐年减少的趋势；多年平均浅层地下水储量为 8. 63 亿 m^3，现状实际开采地下水 8. 869 亿 m^3，已接近饱和状态；主要客水是黄河，2003—2008 年年均径流量为 190 亿 m^3，2008 年径流量为146亿m^3,2003—2008年入海水量趋于稳定,约为190亿m^3。总体上,黄河三角洲水资源总量呈不断减少的趋势,而随着黄河三角洲高效生态经济区的开发,水资源开发利用量不断增大,并受到海水倒灌、地下水位下降、水质污染等困扰,水资源供需矛盾突出,水资源成为影响、制约黄河三角洲地区经济社会发展的重要因素,因此必须在循环经济指导下,循环利用水资源。

①水资源循环利用需要从多系统、多角度、多层次着手。一方面,要开源节流,扩大水资源的数量,节约用水;另一方面,要保护好水资源更新循环回补的下垫面。水资源再生过程不仅涉及水圈,还关联着大气圈、岩石圈、生物圈,是一个开放的、复杂的系统。黄河三角洲高效生态经济区的建设,不仅要考虑地区生产总值的增长,而且应该认真做好产业的环境影响评价,特别是对水资源、水环境的影响评价,做好风险防范。

②要贯彻执行最严格的水资源管理制度,严格控制水资源开发利用控制红线、用水效率控制红线、水功能区限制纳污红线,落实水资源前置论证审批制度,对新建、改建、扩建等项目需要取水或增加取水的进行严格的论证。

③水资源再生过程的另一个活动场所是社会—经济空间,即要从水资源的社会循环角度来提升水资源循环利用水平,要更多地依托科技进步、产业优化调整、水资源高效利用等手段,加强水资源社会可再生能力,提升水资源循环利用水平。

二、黄河三角洲区域循环经济的土地资源观

土地的面积是有限的,某项用地面积增加,必然导致其他用地减少,但土地生产力是可以不断扩大的。人类为了更好地生存与发展,在人口不断增加的情况下,必须更加合理地、集约地利用和保护土地,使有限的土地资源能够持续地满足人类生活不断提高的需要。

(一)区域循环经济的农业用地

人口增加,耕地减少,城市化率、人民生活水平的提高是必然的趋势,因此,我们必须重视粮食安全问题。对粮食主产区要坚持分类指导的原则,加大对粮食主产区的支持力度,千方百计增加种粮农民的收入。另外,科学技术是解决世界粮食安全的根本途径。高新技术的开发、生物技术在农业上的应用,给人类最终解决自身的粮食安全带来了希望。可以从以下三个方面着手:第一,加大支持农业科技创新体系的建设,健全专群结合的农业技术推广体系,使先进适用技术推广到广大农户;第二,对农业科技发展的方向进行战略性调整,以适应粮食数量安全与质量安全并举的新形势;第三,加强科技创新机制、科技推广机制的探索与创新,积极支持不断涌现的农村合作经济组织和农村多元化科技中介组织的发展,使科技创新和技术推广在新形势下充满生机和活力。

(二)区域循环经济的工业用地

用循环经济的理念解决工业发展与用地矛盾,要从以下三个方面进行。

①保证工业用地总量不减少或略有增加,可从两个方面着手:一是将旧城改造中已改造

为其他用途的旧工业区面积，在异地规模工业区内补充扩大相应面积，进行异地置换，即工业用地旧区改造与新区开发相结合，防止工业用地总量下滑；二是适当扩大工业用地总量规模。

②调整工业用地结构，使工业向规模化园区集中，集中开发建设工业园，提高工业区内土地集约利用程度，做好工业用地产业布局规划，做到集约使用土地。

③调整产业结构，提高工业用地的单位产出效率。加强产业政策导向，大力发展高新技术产业和规模型工业，鼓励和选择高新科技产业及科技含量高、污染小的传统规模型工业项目进入工业区，以提高单位工业用地的产值。

（三）区域循环经济的交通用地

循环经济的交通用地是从大系统分析交通网络，用运筹学等数学工具，实现铁路、公路（高速公路）、内河航运和航空等交通资源的网络优化配置，从而实现最高效的土地资源利用。网络优化是指研究如何有效地计划、管理和控制网络系统，使其发挥最大的社会和经济效益。

优化交通用地，还可以与农业用地和工业用地综合起来，从一个更大的系统中优化土地资源的利用。另外，要和经济社会的长期发展结合起来，实现土地资源利用和实际需求的动态平衡。

总之，大系统分析的交通用地是一个很复杂的问题，既要考虑到居民交通的便利，又要考虑到用地的效率；既要考虑满足当前交通的需求，又要为将来交通用地需求留有余地。

（四）以循环经济指导黄河三角洲土地资源的合理利用

黄河三角洲成陆时间短、多重生态脆弱界面交叠，因此土地资源的合理开发利用非常关键。要依据黄河三角洲土地资源适宜性特点，综合考虑其社会经济发展与生态环境建设的目标要求，以循环经济为指导，合理利用黄河三角洲土地资源。

1. 要加强土地资源管理和保护，合理规划，加大土地执法力度

只有对土地进行合理规划，有计划、有步骤地通过土地规划逐步建设高效生态的黄河三角洲，才能保证区域内土地利用的合理性、科学性和持续性。受到短期利益的驱使，黄河三角洲一些地方存在土地资源乱占滥用，甚至私自改变国有土地使用性质的现象，其造成的后果是土地资源的浪费，甚至对生态环境造成不可逆转的侵害。为此，应当建立健全土地保护的法律法规，强化土地执法的力度，以法规的形式明确规定各种土地资源的功能和发展方向，保护战略性的农业资源，以遏制滥用土地现象的蔓延。

2. 要在城市化建设中促进土地的集约利用，提高土地利用率

随着城镇化进程的快速推进，城市不断扩张，黄河三角洲地区大量土地被用于城市建设，农业用地不断减少，对未来的农业用地数量能否满足区域内耕种需求必须要引起足够重

视。借鉴西方发达国家的土地利用成功经验,要在城市化的进程中促进土地的集约利用,逐步实现个人土地私有化、国家土地有偿化的土地纳税政策,以避免对土地无节制的开发和囤积居奇现象的发生。同时,应当建立土地利用的公共参与体系,设立土地使用公示平台,通过全方位的共同参与,提高土地的利用效率。

3. 要处理好油田开发与土地利用的关系,尽量减少土地占用

黄河三角洲有较为丰富的油气资源。油田建设和地方工业的发展都需占用土地,这就难免与农业生产在用地需求上产生矛盾。在城市建设进程中,应当从源头上严格控制非农业用地的批准建设,尽量不占或少占农业用地,批准的项目要强调节约集约用地。建立健全土地审批制度,多部门联动,制定合理规范的土地审批程序,为以后合理规划土地利用格局做好铺垫。对于生态条件较差的黄河三角洲地区,可在前期优先发展工业,使油田业迅猛发展,工业快速发展的同时也是对农业的支援,为土地资源环境的改善提供强有力的资金保障。

4. 要加强农业生态环境建设,为土地的可持续利用奠定良好的基础

在对黄河三角洲土地进行开发和利用的过程中,要避免不恰当的土地利用方式带来的环境污染和其他危害。在全区范围内推广使用高效、低毒、低残留的农药,避免由于高污染性农药对农业用地造成长期不可逆转的环境污染。同时,采取以有机肥料涵养土地为主、以化肥改善农作物为辅的施肥模式,逐步改善土地养分,在合理使用土地的过程中最大限度地保护土壤的可持续利用性。在黄河两侧的河滩地应尽量采取退耕还林、退耕还草的措施,增强土地的保水力,逐步改善土壤肥沃力,在尽可能短的时间内使河滩地具备初步种植能力。在土地盐碱化比较严重的地方,应当因地制宜,将生物和耕种模式相结合,研究制订多项措施改良盐渍土。在含盐较少的地区,可在利用有机肥改善土壤的前提下,尽可能地种植耐盐的农作物。

三、区域循环经济的能源观

(一)能源系统的供需平衡

能源的终端消费部门可以分为工业部门、建筑部门和交通部门等。随着世界经济的持续增长,能源消耗不断增加。要解决能源问题,必须运用循环经济的理念,利用技术进步来调整产业结构,要节约使用能源,并不断开发新能源和替代能源,同时改变消费观念,以知识产品降低能源的消耗,这是解决能源安全问题、维护可持续发展的根本之道。图 4-7 为能源供需平衡图。

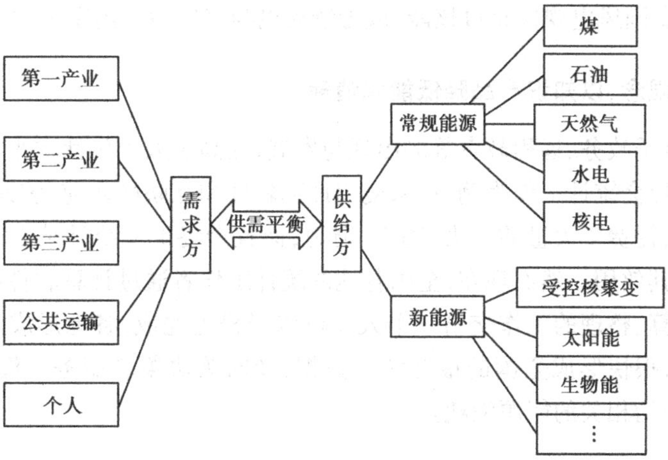

图 4-7　能源供需平衡

（二）在循环经济指导下解决区域能源供需矛盾

循环经济的生产观念是最大限度地优化配置自然资源，使人类的经济和社会系统与自然生态系统相协调，使经济效益、社会效益和生态效益实现最大化的统一。运用循环经济的理念，通过科技进步，解决能源安全问题。

1. 改变产业结构，降低单位 GDP 的能耗

2016 年的《中国统计年鉴》数据显示，中国万元 GDP 能耗 10 年来持续下降，2014 年的万元 GDP 能源消费量是 0.75 t 标准煤，但仍是世界发达国家平均水平的 3 倍左右。

同时，中国要不断调整产业结构，大力发展耗能低或不耗能的高新技术产业，提高高新技术产品产值在 GDP 中的比重，从而降低单位 GDP 的能源消耗，通过降低能源需求来保障能源安全。

2. 以富有能源替代稀缺能源

2020 年，晶体硅太阳电池的价格将下降到 1.0 美元/Wp，太阳能发电成本将达到 5.3 美分/kW · h，与其他发电方式相当的水平。如果薄膜电池技术能够有所突破，太阳能电池成本有可能更大幅度地下降。据估计，2030 年太阳能发电将达到全世界总发电量的 15% 以上。我国是太阳能相对富有的国家，全国有 2/3 以上的地区年辐照量大于 6 GJ/m^2，年日照时数在 2 200 h 以上，应当全力开发。

注：Wp 是标准阳光下的太阳电池输出功率单位。按照欧洲委员会定义的 101 标准，它是辐射强度为 1 000 W/m^2、大气质量为 AM1.5、电池温度为 25 ℃条件下，太阳电池的输出功率。

风能是太阳能的一种转化形式。风能发电具有可再生、无污染与高能量的特点，因此它是一种前景广阔的清洁能源。我国风能资源丰富，陆地和海上可开发与利用的风能共计 10

亿 W。2015 年,我国风电规模超过核能,成为继火电与水电后国内第三大主力电源。

3. 改变消费观念,以知识产品降低能源消耗

电子商务、电子政务、远程教育等的出现与发展,提高了人民生活水平,显著降低了能源消耗。以经济和社会统计工作为例,在未使用计算软件和互联网之前,统计资料要从最基层一步步向上传递,耗费了大量的人力、物力、财力,而且最终形成统计结果时已错失良机,很大程度上失去了其效用。然而现在,全国各地的统计工作者通过计算软件的协助,将原来需要很多人反复计算、整理的工作交给一个人就可以轻松地完成,各地形成的统计基础资料,通过互联网传输,很快形成全国的最终统计数据,及时为决策者服务。仅通过这一知识产品,就可以显著节约相关的能源消耗。

(三)黄河三角洲能源形势与对策

1. 黄河三角洲能源形势

黄河三角洲已探明储量的矿产有 40 多种,其中石油、天然气地质储量分别达 50 亿 t 和 2 300 亿 m^3,是全国重要的能源基地。东营就是以能源为特色发展起来的。截至 2016 年年初,胜利油田共发现 81 个油气田,累计探明石油地质储量 53.87 亿 t,应在准确把握现代国际石油市场和石油地缘政治特点的基础上,树立正确的石油安全观,并采取综合措施保障石油安全。第一,实施可持续发展能源战略,将能源效率放在第一位;第二,加快区域油气资源的勘探开发,加快石油科技发展;第三,尽可能加入国际合作架构中,全面进入国际市场,特别是积极参与期货和现货交易,将市场作为获得石油产品的主要手段;第四,逐步建立和完善石油战略储备制度。

2. 黄河三角洲能源对策

在总体的能源战略上,要实行“节能优先、结构多元、环境友好”的可持续能源发展战略,保障区域经济社会长远发展,采取一系列有利于能源可持续发展的政策措施。

①要提升对节约能源重要性的认识,落实节能的相关政策。加强政府节能管理体系的建设,切实转变政府职能,建立和完善节能经济激励政策,建立终端用能设备能效标准,建立市场经济条件下的节能新机制。

②要正确处理能源和环境的关系。通过政府驱动、公众参与、总量控制和排污交易,实施环境友好的能源战略。

③要调整和优化能源结构。立足区域资源,并充分利用资源,在保证供给和经济可承受性的前提下最大限度地优化能源结构。

④要加快体制改革和技术创新。尽快完善能源领域的法律法规体系,切实转变政府职能,形成有利于促进能源可持续发展的政府管理体制,加快能源领域的市场化改革,打破行政垄断,构建市场条件下的价格形成机制,使企业成为真正的市场竞争主体。

第五章　黄三角经济发展模式的节能减排绩效实证分析

第一节　黄三角高效生态区节能减排基本情况

一、能源市场化改革与企业的能源利用效率

随着能源市场化改革的不断深入，国际市场能源价格的频繁波动将以更快的速度传导到国内能源市场，能源价格波动带来的经营风险也将成为企业关注的焦点之一。当前，中国政府拟推进能源价格市场化改革，能源价格变动及其走势将会引起企业的广泛关注。根据2015年10月15日的《中共中央　国务院关于推进价格机制改革的若干意见》，中国政府拟推进成品油、电力、天然气等能源价格改革，建立市场决定能源价格的机制。其中，能源价格改革涉及成品油价格、天然气气源和销售价格、上网电价和公益性以外的销售电价。石油、天然气和电力等能源都是企业生产过程中的重要投入品，这些能源的价格变化将会影响到能源成本和生产成本，进而影响到企业产品在国内市场和国际市场上的竞争力。因此，能源价格的变动及其走势，将成为企业关注的焦点之一。

同时，值得注意的是，随着能源价格市场化改革的不断深入，国际能源价格的变动将会快速传到国内市场。对于石油等能源，当价格完全由市场确定时，国际市场的价格波动，将会迅速传递到国内市场。此外，不容忽视的是，石油等能源短期的价格需求弹性，要低于长期价格需求弹性，这意味着能源价格波动，对企业的短期影响要超过长期。因此，企业不仅要关注国内能源市场价格的变化及其走势，而且要关注国际能源价格的变化及其走势。

企业应该提高能源利用效率，以有效应对能源价格波动带来的经营风险，尤其是短期能源价格大幅度变动带来的冲击。因为经济形势、国际地缘政治、战争等诸多因素都会对国际原油市场的供求产生影响，进而影响国际原油价格，所以国际原油价格时起时伏，变化趋势难以准确预测。由此可以预知，当中国成品油价格与国际市场接轨时，国际市场原油价格的波动势必会快速传递到国内市场，国内原油价格也会出现频繁波动、异常波动，甚至是暴涨暴跌。这会对企业的日常经营带来一系列风险，尤其是对高能耗行业。鉴于此，企业应该注重提高能源利用效率，节约能源，降低能源成本，降低产品生产对能源的依赖，从而降低能源价格变动带来的经营风险。为此，本章拟对黄河三角洲地区的节能减排效率进行评估。

二、黄河三角洲地区能源利用效率提升潜力相对较大

下面，我们将考察黄河三角洲地区的能源强度状况。由于数据缺乏，鉴于黄河三角洲地区与山东省的情况较为接近，所以本文分析一下山东省的情况。

表5-1列出了2012年中国各个省份地区生产总值和能源消费量。经过观察可知，2012年山东省地区生产总值达到50 013亿元，占全国GDP总量的10.75%；能源消费总量达到38 899万t标准煤，占全国能源消费总量的9.36%；每万元地区生产总值的能源消费量为0.778 t标准煤，在全国各个省份排名中位于第14位。经过比较可知，山东省经济的能源强度要高于广东(0.511 t标准煤/万元)、浙江(0.521 t标准煤/万元)、江苏(0.534 t标准煤/万元)等经济强省，也高于陕西(0.735 t标准煤/万元)、湖南(0.756 t标准煤/万元)等省份。这意味着，山东省经济的能源强度相对较高，能源利用效率相对较低，具有较大的提升空间。

表5-1　2012年中国各个省份地区生产总值和能源消费

序号	省(自治区、直辖市)	能源消费量/万t标准煤	占全国能源消耗量的比重/%	第一产业增加值/亿元	第二产业增加值/亿元	第三产业增加值/亿元	地区生产总值	占全国GDP的比重/%	单位地区生产总值的能源消耗量/(t标准煤·万元$^{-1}$)
1	北京市	7 178	1.98	150	4 059	13 669	17 879	3.35%	0.401
2	广东省	29 144	8.06	2 847	2 770	26 519	57 068	10.68	0.511
3	浙江省	18 076	5.00	1 667	17 316	15 681	34 665	6.49	0.521
4	江苏省	28 850	7.98	3 418	27 121	23 517	54 058	10.12	0.534
5	江西省	7 233	2.00	1 520	6 942	4 486	12 949	2.42	0.559
6	上海市	11 362	3.14	127	7 854	12 199	20 182	3.78	0.563
7	福建省	11 185	3.09	1 776	10 187	7 737	19 702	3.69	0.568
8	海南省	1 688	0.47	711	804	1 339	2 856	0.53	0.591
9	天津市	8 208	2.27	171	6 663	6 058	12 894	2.41	0.637
10	安徽省	11 358	3.14	2 178	9 404	5 628	17 212	3.22	0.660
11	广西壮族自治区	9 155	2.53	2 172	6 247	4 615	13 035	2.44	0.702
12	陕西省	10 626	2.94	1 370	8 073	5 009	14 454	2.71	0.735

续表

序号	省(自治区、直辖市)	能源消费量/万 t 标准煤	占全国能源消耗量的比重/%	第一产业增加值/亿元	第二产业增加值/亿元	第三产业增加值/亿元	地区生产总值	占全国 GDP 的比重/%	单位地区生产总值的能源消耗量/(t 标准煤 · 万元$^{-1}$)
13	湖南省	16 744	4.63	3 004	10 506	8 643	22 154	4.15	0.756
14	山东省	38 899	10.75	4 281	25 735	19 995	50 013	9.36	0.778
15	吉林省	9 443	2.61	1 412	6 376	4 150	11 939	2.24	0.791
16	湖北省	17 675	4.89	2 848	11 193	8 208	22 250	4.17	0.794
17	河南省	23 647	6.54	3 769	16 672	9 157	29 599	5.54	0.799
18	重庆市	9 278	2.56	940	5 975	4 494	11 410	2.14	0.813
19	四川省	20 575	5.69	3 297	12 333	8 242	23 873	4.47	0.862
20	黑龙江省	12 758	3.53	2 113	6 037	5 540	13 692	2.56	0.932
21	辽宁省	23 526	6.50	2 155	13 230	9 460	24 846	4.65	0.947
22	云南省	10 434	2.88	1 654	4 419	4 235	10 309	1.93	1.012
23	河北省	30 250	8.36	3 186	14 003	9 384	26 575	4.98	1.138
24	甘肃省	7 007	1.94	780	2 600	2 269	5 650	1.06	1.240
25	内蒙古自治区	19 786	5.47	1 448	8 801	5 630	15 881	2.97	1.246
26	贵州省	9 878	2.73	891	2 677	3 282	6 852	1.28	1.442
27	新疆维吾尔自治区	11 831	3.27	1 320	3 481	2 703	7 505	1.41	1.576
28	山西省	19 336	5.35	698	6 731	4 682	12 113	2.27	1.596
29	青海省	3 524	0.97	176	1 092	624	1 894	0.35	1.861
30	宁夏回族自治区	4 562	1.26	199	1 159	981	2 341	0.44	1.949
31	西藏自治区	—	—	—	—	—	—	—	—

注:本数据不包括香港、澳门、台湾。

表 5-2 列出了 2005—2014 年山东省平均万元 GDP 的能源消费量变化情况。经过观察可知,2014 年山东省万元地区生产总值的能源消费量为 0.71 t 标准煤,与 2005 年的万元地区生产总值的能源消费量(1.30 t 标准煤)相比下降了 0.59 t 标准煤。山东省地区万元地区生产总值的能源消费量具有较大的下降空间,同时山东省也应该加快万元地区生产总值的能源消费量的下降速度。在此背景下,黄河三角洲地区应着力提高能源利用效率,降低能源强度,以提高整体经济运行效率。

表 5-2　2005—2014 年山东省平均万元 GDP 的能源消费量

年　份	能源消费量/万 t 标准煤	占全国能源消费总量的比重/%	地区生产总值/亿元	占国内生产总值的比重/%	万元地区生产总值能源消费量/吨标准煤
2005	24 162	9.24	18 517.00	9.96	1.30
2006	26 759	9.34	21 257.52	10.15	1.26
2007	29 177	9.37	24 276.08	10.15	1.20
2008	30 570	9.53	27 189.21	10.37	1.12
2009	32 420	9.65	30 506.57	10.65	1.06
2010	34 808	9.65	34 258.57	10.81	1.02
2011	37 132	9.59	37 992.76	10.95	0.98
2012	38 899	9.67	41 716.05	11.16	0.93
2013	39 423	9.46	45 720.79	11.45	0.86
2014	35 363	8.30	49 698.50	11.55	0.71

三、可再生能源行业面临的发展机遇

在当前低碳全球化的背景下，全球可再生能源、新能源行业快速发展，黄河三角洲地区新能源行业面临机遇。发展新能源替代传统化石能源可以改善中国以煤为主的能源消费结构。表 5-3 列出了 2014 年中国一次能源消费结构。经过观察可知，2014 年中国能源消费以煤为主，年消费量为 1 962.4 百万 t 油当量，占中国一次能源消费量的 66.0%，占世界煤炭消费量的 50.6%；其次是石油，年消费为 520.3 百万 t 油当量，占中国一次能源消费量的 17.5%，占世界石油消费总量的 12.4%；与此相比，核能、水电和可再生能源利用在中国一次能源消费中占比较少，分别为 1.0%、8.1% 和 1.8%。由此可见，2014 年我国一次能源消费结构以传统化石能源为主，发展太阳能、风能等新能源有助于改善我国一次能源消费结构。

表 5-3　2014 年中国的主要能源指标

能源指标	石油	天然气	煤炭	核能	水电	其他可再生能源	综合
一次能源消费/百万 t 油当量	520.3	166.9	1 962.4	28.6	240.8	53.1	2 972.1
一次能源消费结构/%	17.5	5.6	66.0	1.0	8.1	1.8	100

续表

能源指标	石油	天然气	煤炭	核能	水电	其他可再生能源	综合
中国一次能源消费占世界的比重/%	12.4	5.4	50.6	5.0	27.4	16.7	23.0

发展可再生能源来替代传统化石能源，是促进循环经济发展和实现可持续发展的重要途径。图5-1描述了1980—2012年中国及世界可再生能源发电量。经过观察可知，世界可再生能源发电量由1980年的17 537亿kW·h增长到2012年的47 148亿kW·h，中国可再生能源发电量由1980年的576亿kW·h增长到2012年的10 035亿kW·h。中国可再生能源发电量占世界可再生能源发电总量的比重由1980年的3.3%增长到2012年的21.3%。上述数据表明，无论是在中国还是在世界，可再生能源都获得了较快发展，中国可再生能源的发展速度要快于世界平均水平。在此背景下，黄河三角洲地区应该抓住机遇，加快本地区新能源行业的发展。

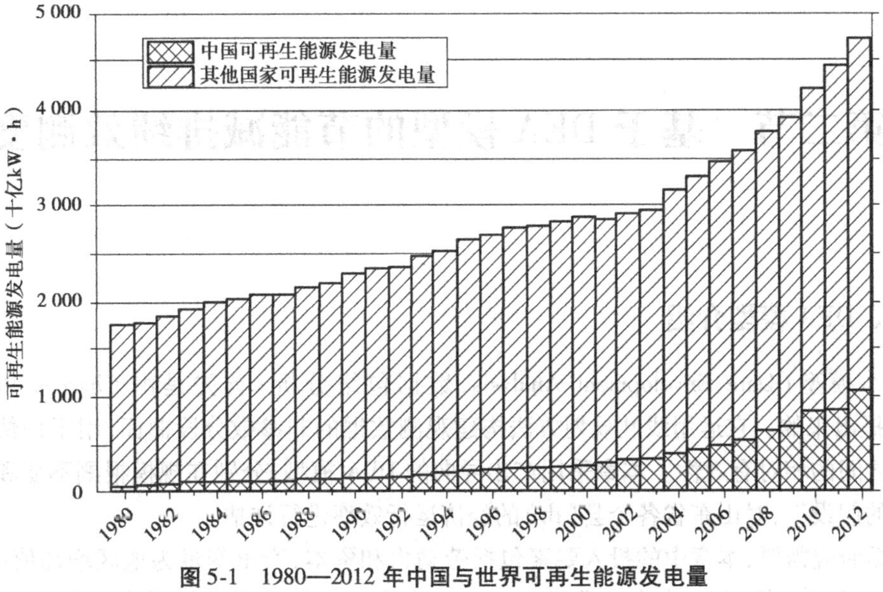

图5-1　1980—2012年中国与世界可再生能源发电量

下面以太阳能光伏设备和风力发电设备装机容量为例，分析世界可再生能源装机容量变化情况。图5-2描绘了2000年至2014年世界太阳能光伏设备和风力发电设备装机容量的变化情况。经过观察可知，2014年世界太阳能光伏装机容量达到17 700万kW，是2000年装机容量（146万kW）的121倍。与此同时，2014年世界风力发电设备装机容量达到369 597万kW，是2000年装机容量（17 400万kW）的21.2倍。上述分析表明，世界太阳能光伏设备和风力发电设备装机容量都获得了迅猛发展，这为黄河三角洲地区新能源设备制造业发展提供了前所未有的机遇。

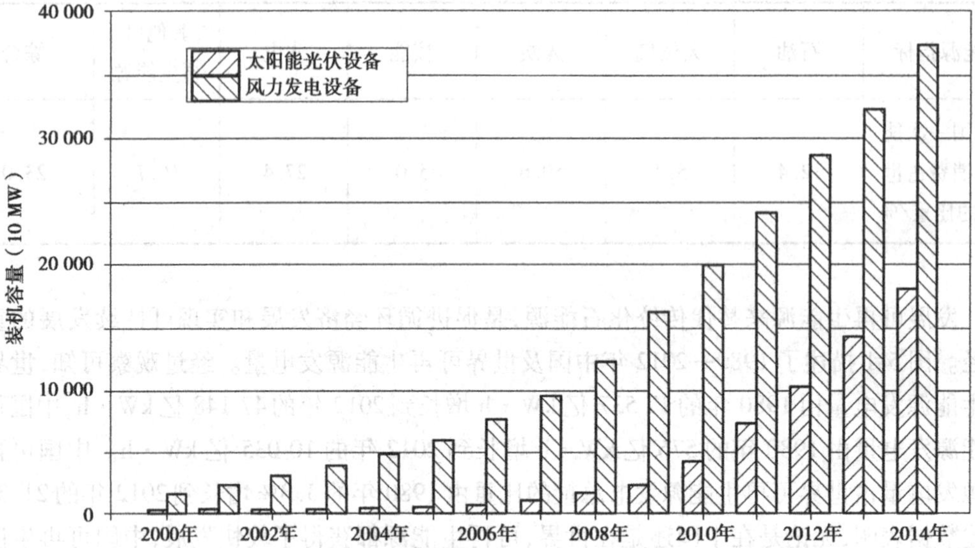

图 5-2　2000—2014 年世界太阳能光伏设备和风力发电设备装机容量

第二节　基于 DEA 模型的节能减排绩效测度

一、DEA 模型介绍

DEA 模型（Data Envelopment Analysis，数据包络分析）首先是由 Charnes 和 Cooper（1978）提出来的。它运用线性规划方法构建观测数据的非参数分段曲面，用于评估不同决策部门之间的相对有效性。本章采用产出导向的 DEA 模型，分别在规模报酬不变和规模报酬可变的假设下，对山东省各个县（市）的经济运行效率进行评估。

根据研究需要，本章中的投入要素包括劳动力和资本，产出变量为地区增加值（具体见表 5-4）。由于数据限制，本章仅采用山东省部分县（市）的数据进行评估。为叙述方便，本章简称为“所选县（市）”。由于数据限制，本章模型所用的投入产出指标具体设定如下：资本存量用固定资产投资总额计算，劳动力用常住人口计算，期望产出水平采用第一、第二、第三产业的增加值计算。这些数据来源于中经网统计数据库（2017）和 wind 数据库（2017）。

表 5-4　DEA 模型所用的变量说明

指标类型	变量名称	采用的具体指标
投入变量	资本存量(K)	固定资产总额
	劳动力(L)	劳动力数量
产出变量	期望产出水平(Y1)	第一产业增加值
	期望产出水平(Y2)	第二产业增加值
	期望产出水平(Y3)	第三产业增加值

二、投入产出数据分析

本章模型所用的数据年份为2013年和2014年,涵盖了山东省50个县(市)。其中,7个属于黄河三角洲地区,分别是东营市垦利县、东营市广饶县、淄博市高青县、烟台市莱州市、潍坊市寿光市、东营市利津县和潍坊市昌邑市;43个属于山东省其他地区,分别是济南市济阳县、济南市平阴县、济南市商河县、济南市章丘市、济南市长清区、济宁市嘉祥县、济宁市金乡县、济宁市梁山县、济宁市曲阜市、济宁市泗水县、济宁市微山县、济宁市汶上县、济宁市兖州区、济宁市鱼台县、济宁市邹城市、青岛市即墨市、青岛市胶州市、青岛市莱西市、青岛市平度市、日照市五莲县、泰安市东平县、泰安市肥城市、泰安市宁阳县、泰安市新泰市、威海市荣成市、威海市乳山市、威海市文登区、潍坊市安丘市、潍坊市昌乐县、潍坊市高密市、潍坊市临朐县、潍坊市青州市、潍坊市诸城市、烟台市海阳市、烟台市莱阳市、烟台市龙口市、烟台市蓬莱市、烟台市栖霞市、烟台市长岛县、烟台市招远市、枣庄市滕州市、淄博市桓台县和淄博市沂源县。本章模型所用数据,详见表5-5和表5-6。下面对所选县(市)的投入产出数据进行比较分析。

表 5-5　2013 年山东省所选县(市、区)的投入产出数据

县(市、区)名称	投入变量		产出变量		
	资本存量/亿元	劳动力/万人	第一产业增加值/亿元	第二产业增加值/亿元	第三产业增加值/亿元
东营市垦利县	899.03	22.00	17.86	216.46	111.57
东营市广饶县	1 634.88	49.50	39.86	475.19	171.19
淄博市高青县	308.71	36.60	22.49	86.27	59.80
烟台市莱州市	1 420.80	85.40	64.42	349.47	228.76
潍坊市寿光市	1 460.79	105.80	84.21	341.27	275.80
东营市利津县	570.63	29.90	23.30	122.42	75.74
潍坊市昌邑市	925.39	58.30	31.98	185.39	109.13

表 5-6　2014 年山东省所选县(市、区)的投入产出数据

县(市、区)名称	投入变量		产出变量		
	资本存量/亿元	劳动力/万人	第一产业增加值/亿元	第二产业增加值/亿元	第三产业增加值/亿元
东营市垦利县	1 184.93	22.52	18.90	241.02	130.64
东营市广饶县	2 099.70	51.20	41.52	519.55	196.92
烟台市莱州市	1 721.78	85.35	66.72	364.94	253.43
潍坊市寿光市	1 813.05	106.69	89.22	359.13	313.64
淄博市高青县	402.69	36.80	23.76	90.75	65.81
东营市利津县	706.42	27.60	26.68	132.25	86.11
潍坊市昌邑市	1 117.37	58.40	33.49	197.60	124.87

(一)投入产出绝对量的比较分析

本小节对黄河三角洲地区所选县(市)和山东省其他地区所选县(市、区)的投入产出指标规模进行比较。

从均值来看,无论是 2014 年的数据还是 2013 年的数据,山东省不同地区在各个指标上均存在较大差别。从生产要素来看,黄河三角洲地区的资本存量和劳动力数量均小于山东省其他地区。例如,2014 年黄河三角洲地区所选县(市)资本存量的均值是山东省其他地区所选县(市、区)资本存量均值的 99.10%,劳动力数量为 72.30%。从产出来看,黄河三角洲地区所选县(市)的第一产业、第三产业增加值的均值要小于山东省其他地区所选县(市、区),而第二产业增加值的均值要大于山东省其他地区所选县(市、区)。然而,黄河三角洲地区所选县(市)三次产业的均值之和要略大于山东省其他地区所选县(市、区)。上述数据表明,黄河三角洲地区所选县(市)的投入产出指标与山东省其他地区所选县(市、区)的指标,在规模上存在一定程度的差异。

(二)投入产出相对指标的比较分析

本小节考察相对经济指标的区域差异。从资本与劳动力的比值来看,黄河三角洲地区所选县(市)每人的资本拥有量为 18.58 万元(2014 年)和 15.26 万元(2013 年),山东省其他地区所选县(市、区)每人的资本拥有量为 19.12 万元(2014 年)和 15.77 万元(2013 年)。上述数据表明,黄河三角洲地区所选县(市)每万人的资本拥有量要低于山东省其他地区所选县(市、区)。

从人均产业增加值来看，黄河三角洲地区所选县（市）平均每人的产业增加值为9.60万元（2014年）和6.46万元（2013年）。同时，山东省其他地区所选县（市、区）平均每人的产业增加值为6.46万元（2014年）和5.98万元（2013年）。经过比较可知，黄河三角洲地区所选县（市）的人均产业增加值要高于山东省其他地区所选县（市、区），具体见表5.7。

表5-7　2013年、2014年投入产出数据的描述性统计分析

所属地区	年份	指标类型					
		指标	资本存量/十亿元	劳动力数量/万人	产业增加值		
					第一产业/亿元	第二产业/亿元	第二产业/亿元
黄河三角洲地区所选县（市）	2014	均值	129.23	55.51	42.90	272.18	167.35
		标准差	61.70	30.97	25.85	150.77	91.06
		最小值	40.27	22.52	18.90	90.75	65.81
		最大值	209.97	106.69	89.22	519.55	313.64
	2013	均值	103.15	55.36	40.59	253.78	147.43
		标准差	49.39	30.56	24.79	139.77	80.86
		最小值	30.87	22.00	17.86	86.27	59.80
		最大值	163.49	102.80	84.21	475.19	275.80
山东省其他地区所选县（市、区）	2014	均值	130.40	76.77	45.57	242.61	183.39
		标准差	79.58	29.71	15.86	159.58	114.35
		最小值	3.56	4.26	19.72	5.76	28.06
		最大值	371.75	169.00	99.77	594.24	422.28
	2013	均值	108.76	76.27	43.63	227.69	163.08
		标准差	72.64	29.54	15.33	149.81	101.89
		最小值	3.30	4.20	18.91	5.73	25.34
		最大值	390.62	169.30	95.06	566.32	365.00

从产业结构来看，2014年黄河三角洲地区所选县（市）三次产业所占比重分别为9.32%、55.78%和34.90%，2013年的比重分别为9.52%、56.8 7%和33.60%。这些数据表明，黄河三角洲地区所选县（市）的产业结构是以第二产业为主的，两年的产业结构基本上没有大变化，第二产业所占比重略微下降，第一、第三产业所占比重小幅度提升。与此同时，2014年山东省其他地区所选县（市、区）三次产业所占比重分别为12.96%、48.77%和38.27%，2013年的比重分别为13.44%、49.65%和36.91%。经过比较可知，黄河三角洲地区所选县（市）第一产业和第三产业所占比重低于山东省其他地区所选县（市、区），第二产业所占比重低于山东省其他地区所选县（市、区）。上述数据表明，黄河三角洲地区和山东

省其他地区所选县(市、区)仍处于工业化阶段,而黄河三角洲地区所选县(市)的工业化程度偏高,见表5.8。

表5-8 2013年、2014年各个地区投入产出的描述性指标

所属地区	年份	指标	人均产业增加值/(万·人$^{-1}$)	产业结构/%		
				第一产业	第二产业	第二产业
黄河三角洲地区所选县(市)	2014	均值	9.60	9.32	55.78	34.90
		标准差	4.66	3.11	7.21	4.62
		最小值	4.90	4.84	47.13	25.98
		最大值	17.34	13.18	68.54	41.16
	2013	均值	8.76	9.52	56.87	33.60
		标准差	4.28	3.02	7.00	4.42
		最小值	4.61	5.16	48.66	24.95
		最大值	15.72	13.34	69.25	39.33
山东省其他地区所选县(市、区)	2014	均值	6.46	12.96	48.77	38.27
		标准差	3.64	8.46	9.15	4.96
		最小值	2.33	3.48	8.35	27.30
		最大值	16.19	50.97	62.43	53.88
	2013	均值	5.98	13.44	49.65	36.91
		标准差	3.33	8.67	9.20	4.78
		最小值	2.17	3.60	8.87	27.13
		最大值	15.39	51.93	62.93	52.45

(三)投入产出指标增长率的比较分析

表5-9描述了投入产出变量2014年相对2013年的增长率。对黄河三角洲地区所选县(市)而言,除了劳动力呈现下降趋势之外,其他投入产出变量均呈现出增加趋势。其中,资本存量增加幅度最大,均值为25.79%,后面依次是第三产业增加值(13.54%)、第二产业增加值(7.16%)和第一产业增加值(6.34%)。对山东省其他地区所选县(市、区)而言,所有变量均呈现增长,增长速度最快的是资本存量(21.87%),后面依次是第三产业增加值(13.82%)、第二产业增加值(6.74%)、第一产业增加值(4.62%)和劳动力(1.06%)。上述数据表明,不同地区的投入变量、产出产量均呈现不均衡发展的趋势,这势必会影响到这些地区的生产要素的配置效率和整体经济运行效率。

表 5-9　各地区投入产出变量 2014 年相对 2013 年的增长率

所属地区	变量名称	所选县(市、区)数量/个	均值/%	标准差/%	最小值/%	最大值/%
黄河三角洲地区	资本存量	7	25.79	4.44	20.74	31.80
	劳动力	7	-0.06	3.60	-7.69	3.43
	第一产业增加值	7	6.34	3.71	3.57	14.50
	第二产业增加值	7	7.16	2.53	4.43	11.35
	第三产业增加值	7	13.54	2.43	10.04	17.09
山东省其他地区	资本存量	43	21.87	6.17	-4.83	31.21
	劳动力	43	1.06	9.47	-32.72	50.54
	第一产业增加值	43	4.62	2.23	-2.27	9.46
	第二产业增加值	43	6.74	4.43	-5.68	21.10
	第三产业增加值	43	13.825	17.72	-39.45	114.34

第六章　黄河三角洲区域县域经济发展对比

县是我国行政管理体系中源远流长、最具稳定性的区划类型。自秦始皇建立郡县制以来,县级行政区一直在我国经济社会发展中发挥着重要作用,也历来受到国家政策的高度重视。中共中央关于制定国民经济和社会发展第十三个五年规划的建议指出,要“发展特色县域经济”,为我国县和县级市发展提供了重要的政策支持。黄河三角洲高效生态经济区建设进入国家战略已五年有余,继续深入推进形成城市经济、县域经济、园区经济、农村经济协同发展的格局意义重大。本章梳理了发展特色县域经济的理论基础,总结了发展特色县域经济在黄河三角洲高效生态经济区建设中的现实意义,并以德州乐陵市为例对如何发展特色县域经济进行研究和探讨。

第一节　博兴、乐陵和阳信“十二五”发展成就回顾

一、经济总体情况

“十二五”(2010—2015 年)期间博兴县、乐陵市、阳信县的地区生产总值保持稳步增长(图 6-1、图 6-2)。博兴 2015 年地区生产总值达到 322.65 亿元,年均增长 9.9%;乐陵 2015 年全市地区生产总值达到 243 亿元,年均增长 10.49%;阳信地区生产总值由 2010 年的 93.19 亿元增长到 2015 年的 146 亿元,年均增长 9.4%。2015 年地区生产总值增速总体有所下降,但和 2014 年比较,博兴和阳信的地区生产总值增速有所回升,乐陵依然呈下降趋势。2010—2015 年,博兴地区生产总值大约是阳信地区生产总值的 2 倍。总体来看,3 个县(市)地区生产总值有一定差距,呈现阶梯状。

受宏观经济下调影响,近两年 3 个县(市)增长率均步入中速增长通道。其中,博兴和乐陵地区生产总值增长率从 2010 年的 15% 降至 8%,这一下降幅度与山东省整体趋势较为一

致。值得注意的是,3 个县(市)中经济规模最小的阳信县在 2010—2015 年地区生产总值增长率波动幅度较大,通过对该县的实地调查发现,这是由于产业中高能耗产业所占比例过高,而另一主导产业石油化工受国际油价下降和“国五”标准上调影响,产值大幅下降所致。由于该县铝合金新材料等重大项目前期投资已经基本到位,具有较大生产能力和发展潜力,物流业发展态势良好,有望成为助推经济发展的新动力源,该县“十三五”期间保持中高速增长目标仍然是有望实现的。

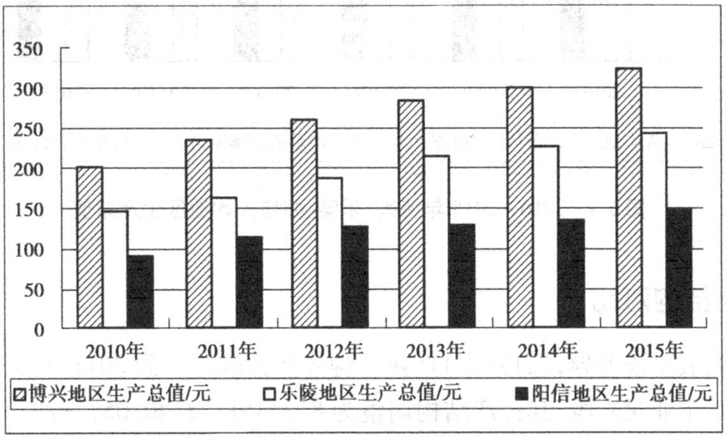

图 6-1　2010—2015 年博兴、乐陵、阳信地区生产总值

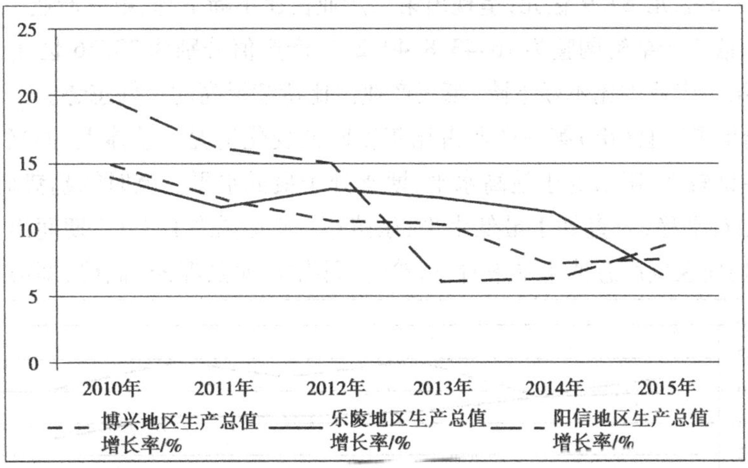

图 6-2　2010—2015 年博兴、乐陵、阳信地区生产总值增长率

2010—2015 年博兴、乐陵、阳信人均地区生产总值呈现不断上升趋势(图 6-3),不过,并没有出现收敛的趋势。其中乐陵人均地区生产总值实现了对博兴的超越,在 2012 年后都处于 3 个县(市)中的最高水平。阳信在“十二五”前半期人均地区生产总值增速实现了跨越,2010—2012 年几乎增长了 50%,不过 2013—2015 年阳信人均地区生产总值增速快速回落,不仅没有实现赶超,相对差距反而有所拉大。在“十二五”末期,博兴、乐陵人均地区生产总值按美元计算都超过了 7 000 美元,都接近中等发达国家水平;而阳信距离这一目标仍然有相当的距离。

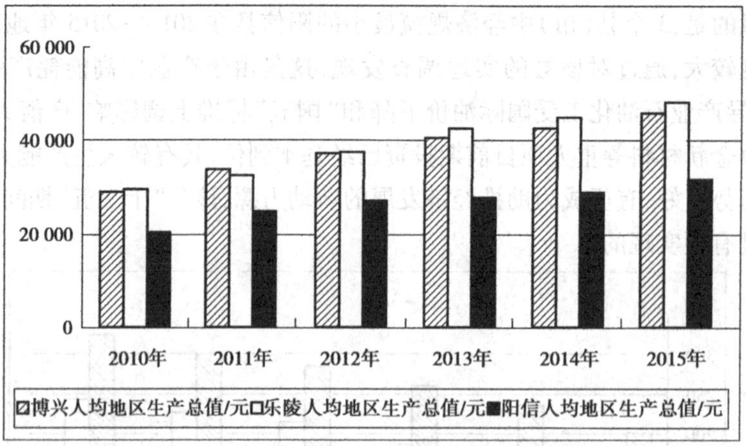

图6-3 2010—2015年博兴、乐陵、阳信人均地区生产总值

二、产业结构对比

由于所处发展阶段差异，三县(市)产业结构异质性较强。到2015年，经济水平较高的博兴已经处于后工业化阶段，其三产结构调整为8.23∶51.72∶40.05，三产产值分别为26.6亿元、166.9亿元、129亿元。乐陵三产结构比例调整为13.0∶50.8∶36.2，三产产值分别达到31.6亿元、123.5亿元、87.9亿元，呈现出第二产业占比不断下降、第三产业占比持续提高的良好态势。阳信三产结构调整为16∶43.8∶40.2，三产产值分别为23.36亿元、64亿元、58.7亿元，呈现出第一产业占比不断下降、第三产业占比持续提高的良好态势。

图6-4给出了三县(市)第一产业占比年度间的变化情况。总体上，博兴、乐陵、阳信第一产业占比差别较大，阳信处于最高水平，博兴处于最低水平。就时间趋势而言，博兴第一产业年度间相对平稳，一直处于最低水平；乐陵第一产业在“十二五”期间出现较大幅度下降，结合其人均地区生产总值水平来看，这符合所谓的“库兹涅茨”曲线，即第一产业的产值

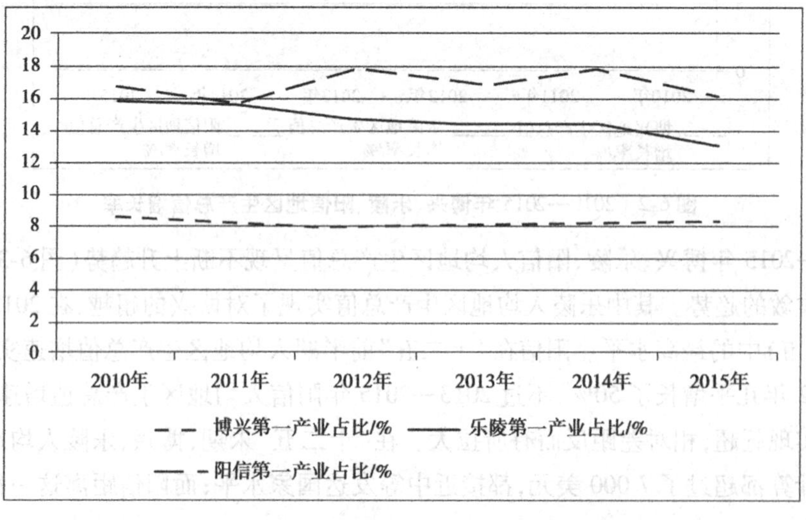

图6-4 2010—2015年博兴、乐陵、阳信第一产业占比

比重和劳动力比重在工业化过程中呈现下降趋势。阳信第一产业与2010年相比有略微下降,但是中间几年波动幅度较大,一方面在于工业化水平较低,另一方面也与其农业内部产业结构有很大关系。

需要指出的是,阳信肉牛产业是其特色产业。截至2015年,畜牧业总产值20.87亿元,占农业总产值的87.69%。全县拥有县级以上肉牛龙头企业39家,初步形成了辐射全县的肉牛养殖基地。同时,阳信被评为全国肉牛养殖示范县,进一步巩固了其全国畜牧百强县的地位。

图6-5给出了三县(市)第二产业占比年度间的变化情况。博兴和乐陵第二产业占比和发展趋势都很接近。博兴和乐陵第二产业不断下降,原因是两县(市)已经处于工业化阶段的后期。这与库兹涅茨曲线关于第二产业发展趋势的判断也是一致的,即当人均地区生产总值达到一定程度之后,第二产业的产值比重和劳动力比重就会下降。从趋势上判断,两县(市)在2010年前后已经达到了库兹涅茨倒U形曲线的拐点。

阳信第二产业占比相对于2010年没有出现大的变化,仍然低于博兴和乐陵的水平,说明其工业化进程仍然有一定的路要走。阳信肉牛特色产业本身可以"接二连三",其产业化链条包括饲料作物种植—肉牛繁育—养殖—饲料加工—防疫体系—市场销售—屠宰加工—废弃物综合利用—成品皮革生产—消费市场等环节。其中皮革生产属于第二产业,屠宰加工、冷链物流和餐饮属于第三产业。

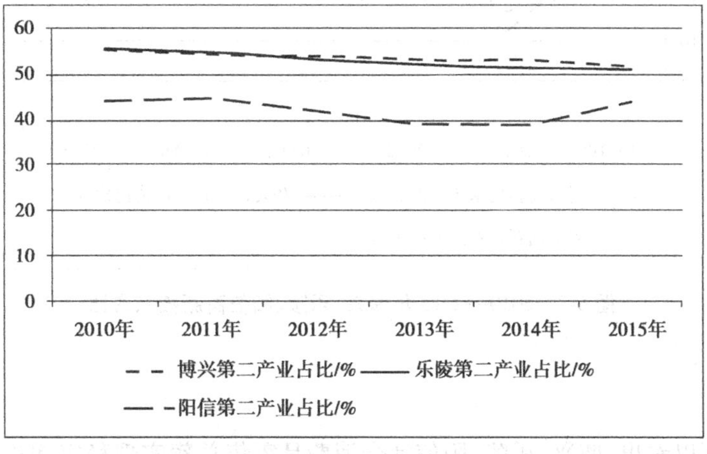

图6-5　2010—2015年博兴、乐陵、阳信第二产业占比

图6-6给出了三县(市)第三产业占比年度间的变化情况。博兴第三产业占比呈现稳定增长趋势;乐陵第三产业占比呈现较大幅度增长的趋势,但是仍然低于博兴和阳信的水平;阳信第三产业2013年出现小幅增长,相比2010年水平略微上升。作为地区生产总值发展水平远远落后于其他两县(市)的阳信,其第三产业占比上升速度反而略微高于博兴和乐陵,这还是由于前述肉牛产业对第三产业强大的推动作用。

从图6-7可以看出,博兴、乐陵、阳信高新技术产值占比在2011年均有所下降,2011年之后呈现增长趋势,2015年博兴、阳信相比2010年均有大幅度增长,但是乐陵与2010年相比有小幅下降。根据库兹涅茨第三产业和人均地区生产总值的关系判断,第三产业的产值比重在“十三五”期间将会超过第二产业所占比重。

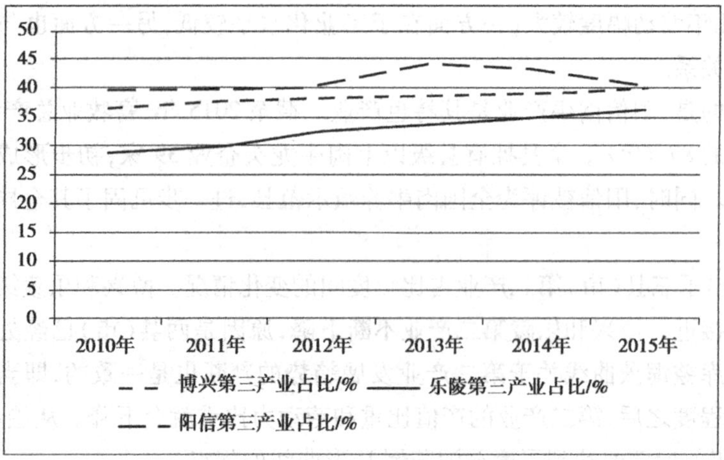

图6-6 2010—2015 年博兴、乐陵、阳信第三产业占比

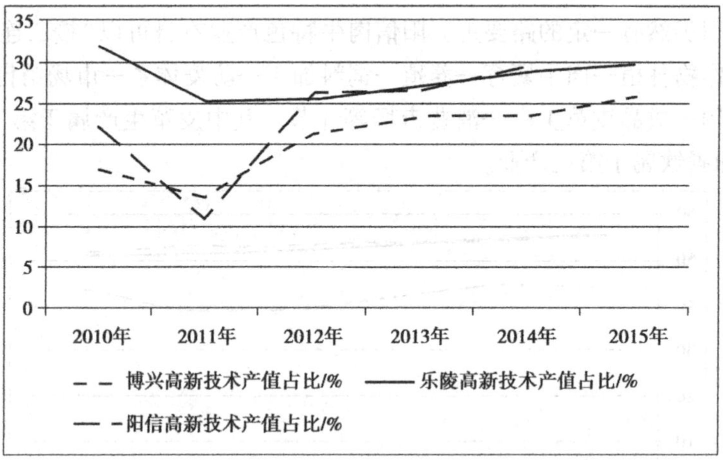

图6-7 2010—2015 年博兴、乐陵、阳信高新技术占比

三、消费

从图6-8可以看出,博兴、乐陵、阳信社会消费品零售总额实现稳定增长,增长的原因一是人口数量的增加;二是人均收入水平的提高。从人口上看,到2015年乐陵总人口达到70万人,而博兴总人口只有50万人,阳信总人口只有46万人。乐陵社会消费品零售总额最高是由于人口基数大,但是博兴社会消费品零售总额远高于阳信则不仅由于人口数量的差异,更重要的原因是收入的差距较大。

另外,三县(市)的收入处于不同档次。博兴最高,2015年在岗职工年平均工资达到61 348元,农民人均纯收入达到14 430元;其次为乐陵,2015年在岗职工年平均工资达到47 100元,农民人均纯收入13 599.6元;2015年阳信在岗职工年平均工资达到47 652元,农民人均纯收入11 930元。从城乡均衡发展的角度,乐陵城乡收入差距相对其他两县更小。

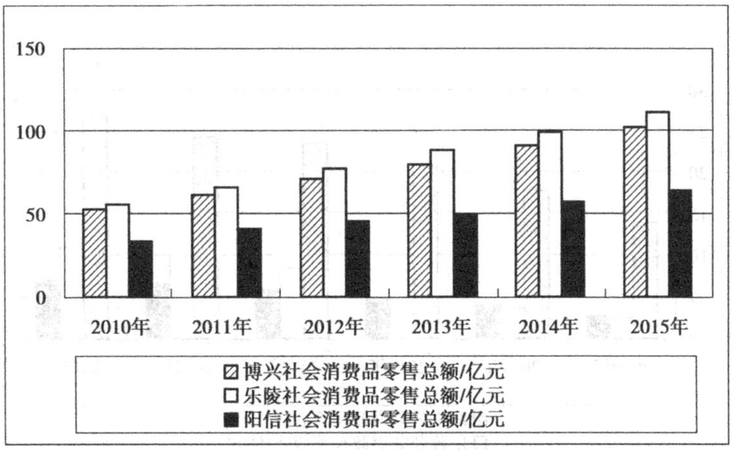

图 6-8　2010—2015 年博兴、乐陵、阳信社会消费品零售总额

图 6-9 列出三县(市)“十二五”期间社会消费品零售总额增长率。与 2010 年相比，博兴、乐陵、阳信社会消费品零售总额增长率均出现大幅度下降，这与经济总量增速走势比较一致。但是博兴和乐陵的社会消费品零售总额增长率平稳下降，阳信社会消费品零售总额增长率出现大幅波动。2015 年博兴、乐陵、阳信社会消费品零售总额增长率几乎相等，并且增长率仍然高于 10%。

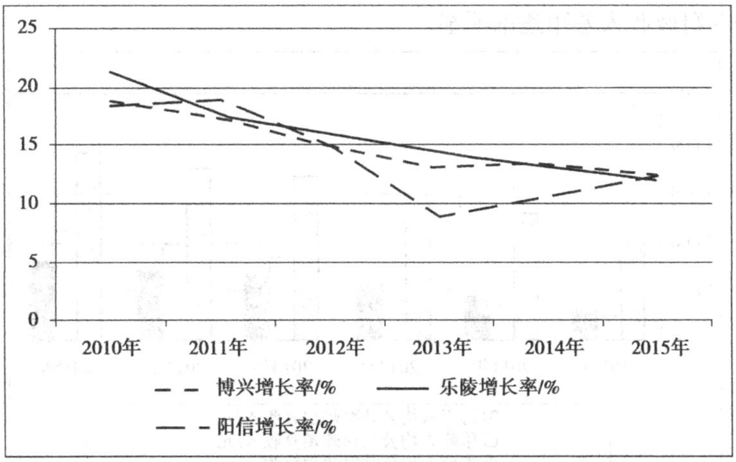

图 6-9　2010—2015 年博兴、乐陵、阳信社会消费品零售总额增长率

四、财力与收入

2015 年博兴年完成地方公共财政预算收入 26.71 亿元，年均增长 13.9%。每亿元地区生产总值的地方财政贡献由 2010 年的 692.6 万元稳步上升到 2015 年的 827.8 万元。乐陵 2015 年地方财政收入达到 11.2 亿元，年均增长高达 35%，增速居全省前列。阳信公共财政预算收入由 2010 年的 2.77 亿元增长到 2015 年的 7.3 亿元，年均增长 21.4%。总的来看博兴的公共财政预算收入遥遥领先于其他两个县(市)。2010—2012 年乐陵、阳信公共财政预算收入几乎持平，但在 2013—2015 年，乐陵公共财政预算收入增幅较大，超过阳信(图 6-10)。

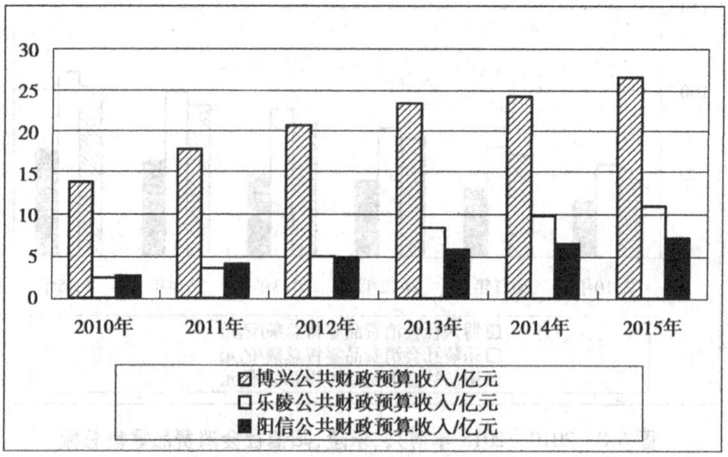

图 6-10　2010—2015 年博兴、乐陵、阳信公共财政预算收入

由图 6-11 可知,2010—2015 年博兴、乐陵、阳信年人均公共财政收入均呈上升趋势,但差距有所降低。博兴无论总量还是人均公共财政收入远高于乐陵和阳信,博兴人均公共财政收入是其他两个县(市)两倍左右,说明博兴税收项目明显多于其他两个县(市)。2010—2012 年乐陵、阳信的人均公共财政收入相差很小,但从 2013 年之后,阳信人均公共财政收入与乐陵人均公共财政收入差距逐渐明显。

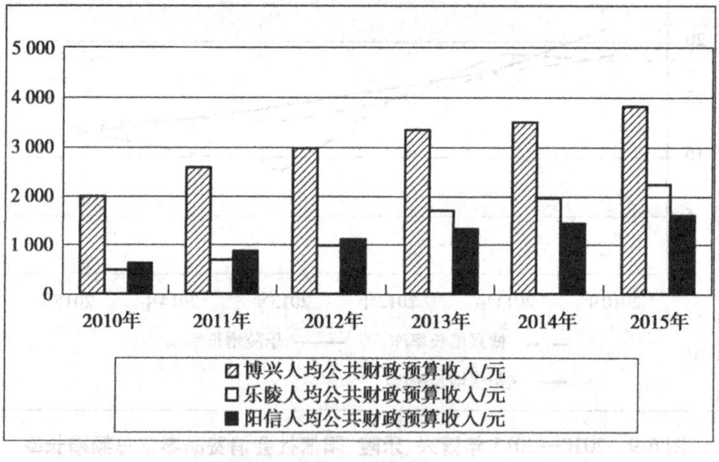

图 6-11　2010—2015 年博兴、乐陵、阳信人均公共财政收入

从图 6-12 可以看出,博兴、乐陵、阳信公共财政预算收入增长率基本是逐渐下降的,2013 年之前公共财政预算收入增长率远高于地区生产总值增长率,2013 年之后公共财政预算收入增长率仍然高于地区生产总值增长率。公共财政预算收入增长率高于地区生产总值增长率的一个重要原因是以存量资产交易、二手房和土地交易为代表的非地区生产总值经济领域的交易行为,尽管不属于地区生产总值核算的范围,但这些经济领域的活跃带来了相关税收的增加,推动了财政收入的快速增长。特别是“土地财政”下土地出让金和房产交易税近年来成为财政收入的重要来源。

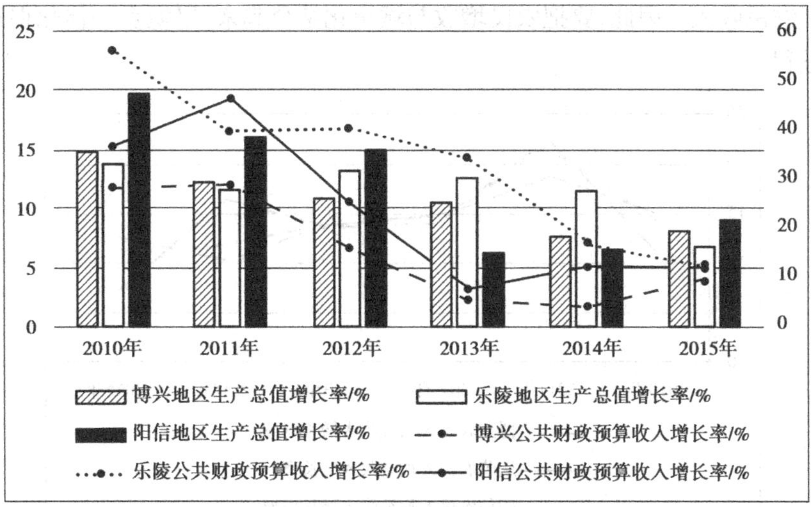

图6-12　2010—2015年博兴、乐陵、阳信地区生产总值增长率和公共财政预算收入增长率

如图6-13所示,2015年博兴农民人均纯收入达到14 430元,比2010年增加7 055元,接近翻番,年均增长14.4%。2010年博兴农民人均纯收入7 375元,城镇居民人均收入22 000元,2015年博兴农民人均纯收入14 430元,城镇居民人均收入31 667元。

城乡收入差距增大。乐陵2015年农民人均纯收入13 599.6元,比2010年增长6 593.87元,年均增长14.2%。阳信农民人均纯收入由2010年的6 305元增长到2015年的11 930元,年均增长13.6%。2015年阳信农民纯收入11 930元,城镇居民收入29 200元,阳信城乡收入差距比博兴要高。总体来看,2010—2015年这3个县(市)居民收入稳步增加。农民人均纯收入从高到低依然是博兴、乐陵、阳信,但差距不是太明显。

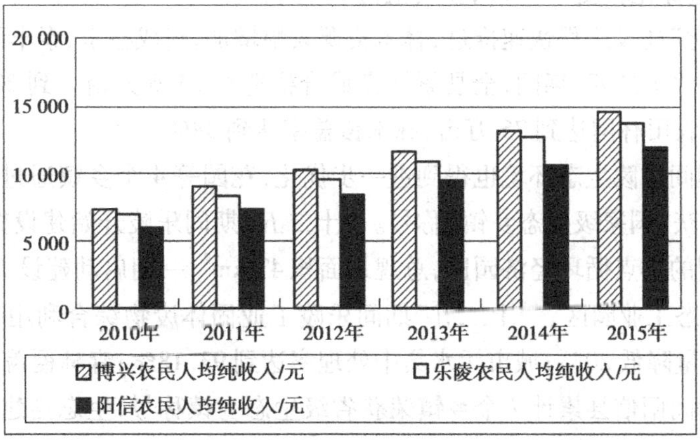

图6-13　2010—2015年博兴、乐陵、阳信农民人均纯收入

图6-14列出了“十二五”期间3个县(市)农民人均纯收入的增长速度。2012—2015年3个县(市)的农民人均纯收入增长率保持在10%～15%,增速差别不大。需要指出,博兴经济发展水平较高,但没有实现农民收入更快的增长率,这说明,应该设计更为合理的财政支农配套政策,以提高财政支农效率来推进农民增收。在“十三五”期间,全面建成小康社会需

要持续提高农民收入。因此,要把农民增收与城镇化结合起来,以城乡一体化促进缩小城乡收入差距进程。

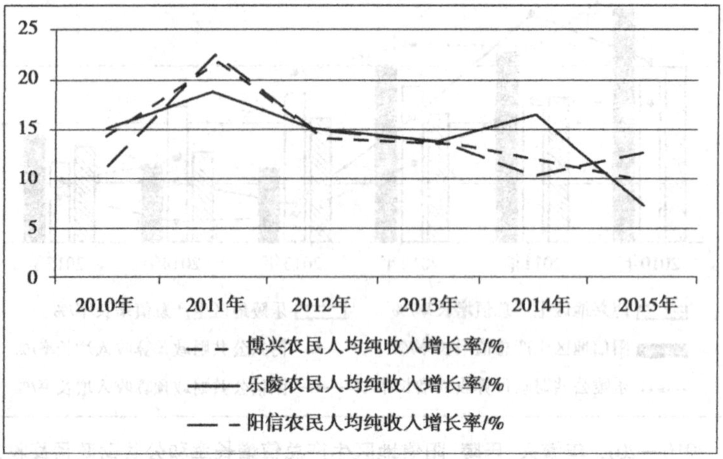

图 6-14　2010—2015 年博兴、乐陵、阳信农民人均纯收入增长率

五、生态与社会发展

“十二五”期间 3 个县(市)在大力发展经济的同时,也加大生态环境保护和建设的力度,通过造林、发展循环经济、建设生态乡镇等一系列举措,提高了资源环境承载能力。博兴生态环境在“十二五”期间得到有效改善,2013 年在滨州市生态文明乡村建设观摩中取得第一名的好成绩。“十二五”期间博兴县在北部沙区和主要公路、大型河流两侧,建设生态防护林体系,新建改造绿化长度 300 km,新增植树 236 万株。

“全域花园化”建设进程快速推进,林木资源大幅增加,建成益丰、泰丰两个万亩林场,生态状况不断改善,“十二五”期间,全县累计完成合格造林 13.6 万亩。到 2015 年,有林地面积达到 37 万亩,农田林网达到 75 万亩,林木覆盖率达到 38%。

“十二五”期间乐陵生态环境也得到进一步优化,花园等 4 个乡镇通过省级生态乡镇验收,市中、朱集荣获“国家级生态乡镇”称号。“十二五”期间乐陵开始建设循环经济示范园,是“黄三角”规划的重点循环经济园区,总规划面积 47 km^2,一期启动建设 20.8 km^2,目前已获批建设省级生态工业园区。“十二五”期间乐陵工业固体废物综合利用率达到 100%;主要污染物排放总量降低 20%;城市污水集中处理率达到 93.18%;森林覆盖率达到 53.85%。

“十二五”期间阳信县累计 7 个乡镇荣获省级生态乡镇称号,生态县建设扎实推进。同时,阳信新城区建设取得重大进展,城镇建成区绿化覆盖率 5.86%,现代能源体系日趋完善,生物质发电、风力发电、垃圾焚烧发电项目加快实施。

博兴县、乐陵市、阳信县的社会事业均得到全面发展,人民生活显著改善。博兴县把增进民生福祉作为政府工作的落脚点,社会事业持续改善。乐陵市致力于把握问题导向,加大社会事业支出,社会事业稳步提升。阳信县着力推进深化改革,社会统筹发展能力显著提升。

教育方面,3个县(市)都加大了对基础教育的投入。博兴县幼儿园改扩建完成率全市第一,省级规范化学校达到17所,实验中学成为全国教育系统先进集体,被认定为全国义务教育发展基本均衡县。乐陵市教育投资5.2亿元建成了新一中,整合周边街道的5所学校成立了实验中学,圆满完成"教育三年振兴计划"。阳信县"十二五"期间教育投资1.73亿元,完成了教育基础设施建设。小学、初中巩固率、高中入学率分别为100%、99.5%、58.5%。医疗卫生方面,3个县(市)改革医疗卫生管理体制,提高医疗服务质量和水平。博兴县人民医院、博兴县中医医院被确定为公立医院改革试点医院,博兴县药品零售价格平均下降35%;基层医疗卫生机构实行全员聘用制和岗位管理制度。乐陵市连续被国家卫生部评为信息化创新医疗服务模式全国"十佳",成功列入全国第一批"健康促进县"试点。阳信县截至2015年年末,全县新增医疗机构333个,实有床位1 250个,注册医师457人;公立医院改革全面启动,新中医院建成使用,县医院扩建加快进行。全县城镇职工医疗保险和城镇居民医疗保险参保率达100%。

公共文化服务方面,3个县(市)加大公共文化设施投资力度。博兴县集文化馆、图书馆、博物馆、科技馆等为一体的市民文化中心已开工建设;农家书屋和农村文化大院覆盖率达到100%,"15分钟文化圈"以及"10分钟健身圈"基本形成。乐陵市始终坚持"不惜重金搞文化、不留遗憾留遗产"的全新理念,已先后建成泰山体育博物馆、金丝小枣文化博物馆、乐陵人民文化广场、跃马河湿地公园等特色广场,形成了"10分钟文化娱乐圈"。阳信县拥有文化企业70余家,从业人员2万余人,年销售收入22亿元,产业集群效应初步显现,初步形成覆盖全县城乡文化馆、站、室三级基层公共文化服务体系。

就业和保障方面,3个县(市)保就业工作效果良好,就业形势保持稳定态势。博兴县"十二五"期间,城镇登记失业率一直控制在3.0%以内,社会保障体系不断完善。乐陵县2015年城镇新增就业0.75万人,农村劳动力转移就业1.5万人,城镇登记失业率为2.97%。阳信县"十二五"期间,城镇新增就业2.06万人,农村劳动力转移就业6.17万人,城镇登记失业率为2.26%。城乡居民社会养老保险制度实现全覆盖,新建农村幸福院30处、社区老年人日间照料中心3处。

六、政府改革与职能转变

博兴县、乐陵市、阳信县均在不同程度上加速政府职能转变,服务效率大幅提升。博兴县加强作风建设,推进政府信息公开,进一步规范政府工作。乐陵市致力于践行群众路线,政府效能稳步提升。阳信县着力推进作风转变效能提升,政府自身建设全面加强。

博兴规范建立了行政审批事项目录和行政权力清单,提升了依法行政水平。公开"三公"经费,实施"企业设立联合审批制度",优化建设项目审批流程,非即办件办结时限压缩50%以上。

乐陵规范并建立了行政审批事项目录和行政权力清单,取消和下放审批事项23项,在德州率先建立起中小企业公共服务县级平台。人大代表建议、政协提案办结率均为100%。党员干部全年为群众办实事好事3 000件,赴浙江大学等高校进行专题研修,领导干部解放了思想、提升了境界。

阳信县“十二五”以来，加快政府职能转变，县公共资源交易中心启动运行，公共资源交易行为更加规范；深化行政审批制度改革，编制公示了行政审批事项目录等文件。进一步修订完善了县政府的工作规则，政府工作规范化水平明显提升。

七、乐陵市经济社会发展概况

乐陵隶属山东省德州市，位居黄河三角洲西翼，地处德州、济南、滨州、沧州四市的中心位置。乐陵东毗庆云、西临宁津、南接商河、北隔漳卫新河与河北省南皮、盐山两县相望，东南和阳信县相连，西南与临邑、陵县接壤，属于省际边缘区域。1988 年 9 月 1 日，经国务院批准，撤销乐陵县，设立乐陵市，由德州市代管。经过多次行政区划调整，乐陵现辖 4 个街道办事处、9 个建制镇、3 个乡，1 处省级开发区、1 处国家级农业科技园区和 1 处列入国家“黄三角”规划的循环经济示范园。

乐陵市系华北平原的一部分，由黄河冲积而成，地势平坦。海拔一般为 10 ~ 12 m，自西北向东南逐渐降低。市域南北最长 48.1 km，东西最宽 39.3 km，总面积 1 172 km^2。乐陵先后获国家命名的“中国金丝小枣之乡”“中国特色魅力城市”“中国最佳休闲旅游城市”“中国最具投资潜力中小百强城市”“国家可持续发展实验区”“国家级生态示范区”“国家级体育产业基地”“中国建筑五金产业基地”“全国百佳全民创业示范市”“全国粮食生产先进市”“全国第一批健康促进县”“全国科技进步先进市”“国家知识产权试点市”等荣誉称号，也是“山东省文明城市”。

近年来，乐陵市依托“黄三角高效生态经济区”“省会城市群经济圈”和“西部经济隆起带”3 个发展战略带的叠加优势，凭借交汇于乐陵的滨德高速、新京沪高速、德龙烟铁路“两高一铁”等重大项目建设，已初步构建起以五金机械装备制造、农副产品（食品）深加工、绿色循环化工、文化旅游与商贸物流四大主导产业和体育、节能环保、科技与金融三大先导产业为重点的“4+3”现代产业体系，搭建起青岛保税港区（乐陵）经济园区、黄三角循环经济示范园等坚实平台。2014 年，全市完成地区生产总值 227 亿元，按可比价格计算，比上年增长 11.4%；人均地区生产总值达到 34 280 元，增长 10.4%；完成地方财政一般预算收入 10.03 亿元，同比增长 16.6%；三次产业结构调整为 14.3∶50.9∶34.8；年末常住人口 66.7 万人，其中城镇人口为 28.97 万人，城镇化率达到 43.4%。

八、乐陵市特色县域经济发展思路

乐陵市挖掘“一黄一圈一带”叠加地带的政策优势，根据中心地理论和地处济南、滨州、德州、沧州四市中心位置的区位优势，于 2012 年首次提出了“打造区域性中心城市”的战略目标和总体思路，试图通过强调区位特色促进市域经济提档升级。并且山东省《西部经济隆起带发展规划》要“支持设区市和滕州、兖州、邹城、曲阜、沂水、乐陵、临清等人口聚集规模大的县城发展为区域性中心城市”，这为乐陵建设区域性中心城市提供了政策依据，更进一步坚定了乐陵市的发展战略。这一思路在乐陵市各项市委市政府文件、城市总体规划修编和各部门专项规划中，均得到逐步落实和细化。

乐陵在建设区域性中心城市的过程中，采取了“思想对接先行，规划领跑，产业、交通、政策对接为主抓手，机制对接跟进”的策略，积极搭建了“黄三角”国家战略和“一圈一带”省级战略的对接载体和示范平台。从2013年起至今，乐陵市采取了一系列的具体措施，使区域性中心城市的建设工作得到逐步推进。乐陵市先后6次召开对接“一圈一带”建设专题会议、常委扩大会和干部动员座谈会、企业家交流会，使部门企业认识到位，从而确立“在对接中开放，在开放中建设区域性中心城市”的发展战略，并结合“一圈一带”规划进一步调高发展目标。另外，西部经济隆起带正式启动以来，乐陵市积极争取相关政策，目前有24个项目列入西部经济隆起带规划。同时，乐陵以园区建设为平台，投资20亿元升级改造经济开发区，规范提升循环经济示范园。投资30.4亿元，实施城区南北景观河改造、千亩湿地公园等54个城乡建设重点工程，以新京沪、滨德高速公路和德龙烟铁路“两高一铁”5个出入口为核心，加快“双十双环”路网建设，着力打造区域性中心城市。

目前，乐陵正在打造京津冀产业转移基地，大力推进西部新区、循环经济示范园、现代农业示范区、铁路物流园及乡镇园区等载体的建设。其中，将打造制造业配套基地，推动汽车零部件、五金机电、生物制糖等产业“园中园”建设，带动上下游配套；打造农副产品供应基地，建立蔬菜、加工出口型蔬菜等6个蔬菜生产区；打造劳动力输出基地，培育“京津馒头房、北京宾馆、天津港劳务”三大劳务输出品牌；打造商贸物流基地，重点建设义乌商贸城、黄三角物流会展中心、五洲国际等项目。此外，伴随综合服务功能配套完善，青岛保税港区（德州）功能园区、义乌国际商贸城、黄三角会展物流中心、雨润国际广场城市综合体等相继落户。其中，乐陵与天津塘沽区、东营区合作，投资20亿搭建“西部新区、循环经济示范园、现代农业发展示范区”三大飞地产业承载平台，出台产业发展政策，提供优质高效服务，引导企业加速集聚。

九、乐陵发展特色县域经济的区域意义

首先，是优化区域城镇体系布局的需要。21世纪以来，山东省的城乡和区域差距有进一步拉大的趋势。为了缩短山东省城乡、区域发展差异，实现均衡发展，就必须择优强化极具潜质的小城市发展，在政策和资金上予以重点倾斜，使其尽快改善交通条件、基础设施，完善社会服务设施，成为产业和人口聚集的中心，培育新的城市增长极，从而从区域层面引导中心城市的建设与发展。近年来，伴随着山东省中心城市的迅速发展，城市外扩的动力迅速膨胀。国家对基础设施建设的投资，使交通线路、交通枢纽、港口机场等基础设施的水平有了明显的提高，为开拓新的城镇化增长空间奠定了基础。此外，各地为刺激经济培育新增长点，在部分新区加强投入，使新的城镇化增长空间不断涌现。

正是基于山东省城镇发展不均衡、城镇化发展动力不够强劲的原因，才凸显了乐陵应该也必须建设成为鲁北地区新的城市增长点的必要性。所以应加快步伐，将乐陵打造为名副其实的区域性中心城市，努力承担起应有的使命。依据《西部经济隆起带发展规划》，西部经济隆起带的战略定位：建设具有较强竞争力的特色产业基地、高素质劳动力富集地带、体制

机制创新试验区、生态良好的美丽新西部，形成若干竞相发展、各具特色、富有生机、加快隆起的邻边高地，打造新的经济增长极。随着西部隆起带、省会城市群经济圈规划实施的逐步深入，京津冀协同发展战略的全面展开，重点建设项目和扶持资金的大幅提高，乐陵的发展即将迎来前所未有的机遇。另外，新型城镇化试点、农村互助金融试点、艾滋病防治示范市等改革试点正在顺利推进，这也将为乐陵发展注入更大的动力。

其次，是推动自身跨越发展的需要。由于其发展基础仍然相对薄弱，经济总量小、实力弱、产业链条短、集群效应差的现实问题依然凸显。同时，乐陵作为省域内节点城市，可以接受周边城市物流、人流、资金流、信息流的涌入，然而在新的区域竞争格局和资源要素流动加速的背景下，仍然面临较大的边缘化风险和挑战。区域性中心城市的建成，可以有效推进乐陵的技术创新，加速知识经济的发展，提高经济运行的市场化、开放化的程度，使其在更大区域范围内优化资源配置，增强城市极化效应。因此，乐陵要实现持续科学发展、成为省会城市群经济圈的北部产业基地、西部经济隆起带的东部门户和黄河三角洲高效生态经济区的西部桥头堡，就要把握当代发展潮流，借势而为，在区域发展中找准定位，在更为开阔视的野下、在更宽领域的合作下、在更惠政策的支持下吸引资源要素、高端人才和市场主体集聚，推动全面、协调、可持续发展，建设"区域性节点型经济文化新高地"，实现与全国同步或提前建成小康社会的目标。缘于此，乐陵构建区域性中心城市是其增强区域竞争力、加快崛起的必然选择。

十、乐陵市县域经济发展水平评价

按照空间邻近性、可对比性和地域完整性原则，选取乐陵市、庆云县、宁津县、武城县、平原县、夏津县、临邑县、禹城市、齐河县、阳信县、惠民县、无棣县、商河县、济阳县、盐山县、海兴县、黄骅市等17个样本县市，进行对比分析，从而明确乐陵市县域经济发展的总体水平以及优劣条件。

（一）构建指标体系

根据评价指标体系科学性、全面性、完整性、可操作性的原则，在借鉴和参考相关研究成果的基础上，依据经济发展水平评价的相关理论，结合各县市的实际情况，选取了综合经济实力、产业结构以及科教文卫发展水平共三大类18个指标，组成了样本城市县域经济发展水平评价指标体系（表6-1）。然后，选取2013年数据进行处理分析，数据主要来源于《中国区域经济统计年鉴2014》。

表6-1　县域经济发展水平评价指标体系

一级指标	二级指标
综合经济实力	行政区域面积
	户籍人口
	地区生产总值

续表

一级指标	二级指标
综合经济实力	第一产业增加值
	第二产业增加值
	公共财政收入
	公共财政支出
	居民储蓄存款余额
	年末金融机构各项贷款余额
	固定资产投资
产业结构	粮食总产量
	第二产业从业人员
	第三产业从业人员
	规模以上工业总产值
科教文卫水平	普通中学在校学生数
	中等职业教育学校在校学生数
	小学在校学生数
	医疗卫生机构床位数

(二)综合评价方法

主成分分析是一种从研究的多个指标中求出很少的几个综合指标,使新指标能尽可能多地保留原始指标的信息,并且综合指标批次之间相互独立的现代统计方法。它一方面克服了在指标权重选择时主观因素的影响;另一方面有助于保证客观地反映样本间的现实关系,即在原始变量转变为主成分的过程中,同时形成反映主成分和指标包含信息量的权数,从而便于计算综合评价值。

通过利用SPSS19.0软件,对表6-1中的18个指标进行主成分分析。SPSS在调用Factor Analyze过程进行分析时,会自动对原始数据进行标准化处理,所以在得到计算结果后的变量都是指经过标准化处理后的变量。在SPSS分析结果出来后,再通过主成分确定的两个标准确定主成分数目。

从表6-2可知,变量的相关矩阵中有4个大于1的特征值8.785、2.673、1.945和1.671,它们的累计方差贡献率为83.744%,也就是说它们解释了总方差的83.744%。这符合确定主成分的标准。根据运行结果获得的这4个主成分因子的显著性都较高,用它们来反映县域经济发展水平有83.744%的把握。

表 6-2　主成分分析各指标解释的总方差

成分	初始特征值			提取平方和载入		
	合　计	方差的%	累积%	合　计	方差的%	累积%
1	8.785	48.803	48.803	8.785	48.803	48.803
2	2.673	14.850	63.653	2.673	14.850	63.653
3	1.945	10.808	74.641	1.945	10.808	74.461
4	1.671	9.284	83.744	1.671	9.284	83.744
5	0.869	4.830	88.574			
6	0.594	3.298	91.872			
7	0.472	2.624	94.496			
8	0.310	1.723	96.219			
9	0.260	1.442	97.661			
10	0.157	0.875	98.536			
11	0.145	0.806	99.342			
12	0.061	0.338	99.680			
13	0.041	0.228	99.907			
14	0.015	0.084	99.991			
15	0.001	0.008	99.999			
16	0.000	0.001	100.000			
17	1.477E-16	8.205E-16	100.000			
18	4.710E-17	2.616E-16	100.000			

表 6-3　初始因子载荷矩阵

原始指标	成　分			
	1	2	3	4
行政区域面积	0.741	0.270	0.301	-0.365
户籍人口	0.752	-0.419	0.422	0.151
地区生产总值	0.913	0.008	-0.281	0.117
第一产业增加值	0.748	-0.310	0.179	-0.386
第二产业增加值	0.839	0.006	-0.407	0.217
公共财政收入	0.864	0.077	-0.353	-0.202
公共财政支出	0.922	0.058	0.072	-0.285
居民储蓄存款余额	0.748	0.235	0.100	0.399

续表

原始指标	成　分			
	1	2	3	4
年末金融机构各项贷款余额	0.812	0.407	-0.025	-0.029
固定资产投资	0.699	0.253	-0.199	-0.322
粮食总产量	0.645	-0.511	-0.066	0.254
第二产业从业人员	0.080	0.860	0.248	0.225
第三产业从业人员	0.204	0.834	0.135	0.369
规模以上工业总产值	0.496	-0.211	-0.525	0.591
普通中学在校学生数	0.791	-0.377	0.344	-0.076
中等职业教育学校在校学生数	0.566	0.092	-0.520	-0.215
小学在校学生数	0.433	-0.333	0.489	0.513
医疗卫生机构床位数	0.654	0.179	0.481	-0.070

从表6-3可知，公共财政支出、地区生产总值、公共财政收入、第二产业增加值等在第一主成分（F1）上有较高载荷，说明第一主成分基本反映了这些指标的信息；同理，第二主成分（F2）基本反映了第二产业从业人员、第三产业从业人员、年末金融机构各项贷款余额这些指标的信息，第三主成分（F3）基本反映了行政区域面积、户籍人口、医疗卫生机构床位数、普通中学在校学生数这些指标的信息，第四主成分（F4）基本反映了规模以上工业总产值、小学在校学生数、居民储蓄存款余额这些指标的信息。

用表6-3中的数据除以主成分相对应的特征值开平方根便得到4个主成分中每个指标所对应的系数，将得到的特征向量与标准化后的数据相乘，即可得出主成分表达式。以每个主成分所对应的特征值站所提取主成分总的特征值之和的比例作为权重计算主成分综合模型：

$$F=0.583\times F1+0.177\times F2+0.129\times F3+0.111\times F4$$

（三）综合评价结果分析

从表6-4可知，区域城市综合竞争力排名前五的县市依次为齐河县、黄骅市、乐陵市、禹城市、无棣县，乐陵市处于第三位，区域城市间竞争加剧可见一斑，此为乐陵构建区域性中心城市进程中所要面临的主要挑战。

表6-4　2013年各县域经济竞争力的主成分得分、综合得分及其排名

2013年	F1		F2		F3		F4		综合竞争力	
县市名	得分	排名	得分	排名	得分	排名	得分	排名	总得分	总排名
齐河县	5.39	1	-0.24	8	-1.64	15	0.9	5	2.99	1

续表

2013 年	F1		F2		F3		F4		综合竞争力	
县市名	得分	排名	得分	排名	得分	排名	得分	排名	总得分	总排名
黄骅市	3.12	2	4.72	1	1.58	4	0.45	8	2.91	2
乐陵市	2.21	5	-1.62	15	1.64	3	1.2	3	1.34	3
禹城市	2.48	3	-0.11	6	-2.14	17	-0.09	11	1.14	4
无棣县	2.37	4	1.14	4	-0.92	14	-3.08	17	1.12	5
临邑县	1.54	7	-0.33	9	-0.36	10	0.86	6	0.89	6
惠民县	1.05	8	-0.59	10	2.54	1	-1.06	14	0.72	7
济阳县	1.78	6	-0.84	12	-0.18	8	-1.66	16	0.68	8
商河县	-0.27	9	-2.01	16	2.22	2	-0.93	13	-0.33	9
平原县	-0.48	10	-0.93	13	-0.45	12	0.47	7	-0.45	10
宁津县	-0.82	11	-0.73	11	-0.4	11	1.11	4	-0.54	11
夏津县	-0.99	12	-1.35	14	0.38	6	1.63	2	-0.58	12
盐山县	-2.5	15	2.37	2	0.74	5	1.72	1	-0.75	13
武城县	-1.72	13	0.12	5	-2.13	16	0.31	9	-1.22	14
阳信县	-2.3	14	-0.8	17	0.17	7	-0.92	12	-1.56	15
庆云县	-4.15	16	-0.12	7	-0.82	13	0.18	10	-2.53	16
海兴县	-6.7	17	1.32	3	-0.24	9	-1.1	15	-3.83	17

乐陵第二主成分排名倒数第三，可见其在第二、第三产业从业人员以及金融机构各项贷款余额这三项指标上表现极弱，说明乐陵市的产业结构亟待优化，人才集聚水平落后，服务业发展迟缓，仍表现为以农业、重工业带动经济发展的局面。相比之下，地处河北的黄骅市在此主成分得分中一枝独秀。乐陵市要实现构建区域性中心城市的目标，就必须在北至河北、南至济南、东至滨州的周边城市竞争中跻身而出，很好地发挥其作为连接京津冀节点性城市的主要带动作用。

乐陵第一主成分排名第五，也有极大的上升空间。第一主成分主要衡量城市的综合经济实力，由此可见乐陵的经济总量仍较小，与周边县市的发展还有一定的差距。因此，乐陵市应借势延伸其产业链条，形成规模经济，从而使经济总量得到大幅提升，在激烈的区域城市竞争中才不至被更多的县市所赶超，做到真正意义上的“区域性中心城市”。

乐陵第三、第四主成分排名均为第三，这表明其在今后的发展中必须依靠科技力量，大力吸引、留住、培育高端人才，注重文化教育事业的发展，进而扩大城市规模、提高科教卫文水平，唯此才能在区域竞争中立于不败之地。

十一、乐陵市发展特色县域经济的基本思路

（一）整合资源，重点突破

按照非均衡发展的总体思路，加大公共投入，整合现有各部门的资金、人才、技术、政策等要素资源，对符合全市整体发展战略的重点产业、重点项目进行定向扶持，推动主导产业和重点领域加快发展。

围绕产业发展总体思路，整合体育产业、五金机械加工产业、调味品产业等主导产业的中小型上下游企业，积极培育规模化新型市场主体，推动产业链条拉长延伸，强化产业抗风险能力，进而促进乐陵主导产业上规模、上档次、成品牌、出效益。

整合现有多杂散乱的物流企业，加速物流资源向市区、杨安镇、郑店镇、朱集镇等交通枢纽、产业集群和产品集散中心集聚，努力形成以专业市场为龙头，大型商业网点、流通企业和经营大户为骨干的商贸物流体系，提升商贸物流对市域主导产业的物流供给保障能力和服务区域能力。

搭建科技共享平台，加大力度整合乐陵众龙头企业在各个方面的科技资源，同时充分利用京津冀地区等区域范围内的有效资源，采取有力措施积极促进科技成果转移转化，在围绕主导产业的关键共性领域引进实施一批科技重大专项，实现产业核心技术的集成创新与突破，带动生产力的跨越式发展。

整合枣文化、红色文化等旅游资源，依托冀鲁边革命纪念园、枣林结义园、金丝小枣博物馆等重点旅游项目，对市域重点旅游资源进行创意开发，并结合区域性旅游规划制订相互衔接的多条精品旅游线路，全力打造生态旅游带，提高市域旅游资源开发水平。同时，通过“走出去、请进来”，举办重大节庆的旅游宣传营销方式，积极在市内外广泛宣传和推介乐陵旅游品牌。也要持续性抓好招商引资、新的旅游项目建设、行业管理等工作，从而以文化旅游产业作为突破口，振兴乐陵经济，为提高地方总体经济水平提供坚实保障。

（二）优化布局，极化城区

构建“一心、两轴、三区”的市域城乡空间结构。布局上将中心城区向西部地区延展，并直接与青岛保税港区产业区相连，增强港区联动，向东南打通至循环经济示范园的发展通道，加强中心城区与循环经济示范园的联系；依托S248省道形成“胡家—乐陵市区—郑店”南北向发展主轴，依托S314、S315省道（东段）形成“丁坞—乐陵市区—庆云”东西向发展次轴；以中心城区、朱集镇、西段乡、铁营镇、杨安镇、寨头堡乡形成中部经济区，建设全市工业制造业和服务业的经济中心，以大孙乡、黄夹镇、丁坞镇、孔镇形成西部经济区，以郑店镇、花园镇、化楼镇建设南部经济区。

发挥规模经济优势，极化中心城区，使资本、信息、资源、技术在城区集中聚集，形成支撑乐陵经济的核心和龙头。按照工业向园区集中、产业集群化发展并与城镇建设协调推进的思路，系统整合乐陵市域产业园区资源，改变乡镇工业园分布散、效益低、环保压力大的不良

局面。以乐陵市中心城区为核心，按照分级配置的原则，构建现代社会服务业等级网络体系，充分实现中心城区集外贸门户职能、现代化工业职能、商业金融职能、文化先导职能于一身，从而吸引人才、企业、资本的进一步集聚，促进全市跨越发展。

（三）区域联动，借势发展

区域内城市之间有效地开展合作将产生极大的集聚效应：第一，可以更经济地获得专业化的投入要素和人力；第二，可以低成本地获取相关信息；第三，增加城市间的互补性；第四，低成本地获取公共产品；第五，提供更有效的激励。我国长三角、珠三角地区之所以能够有较快和较高层次的经济发展，一个很重要的原因就是这些地区已经或者正在形成相互配合协作的区域经济联合体制。乐陵应该抓住山东省区域经济战略布局调整和京津冀一体化的有利时机，充分挖掘自身的特色和优势，在区域发展格局重组过程中抢抓机遇，进而推动鲁北地区的整体竞争力提升，与乐陵发展形成循环互动的良性局面。

乐陵市应充分利用区位优势，紧抓黄河三角洲高效生态经济区、省会城市群经济圈、西部隆起带三大区域战略覆盖和京津冀一体化建设等的重大机遇，坚持"全面融入、重点突出"原则，深入实施"南融北接东进西拓"战略，深度融入省会城市群经济圈、京津冀都市圈和黄河三角洲高效生态经济区，全面推进与山东半岛蓝色经济区、天津滨海新区、环渤海经济圈等重大战略的对接，通过加强经济交流和技术合作，不断扩大合作范围和领域，借势发挥自身优势，在区域发展中占领一席之地。

一是加快融入省会城市群经济圈。以"融入济南、服务省会"为重点，推进一体化进程，加快与济南省会城市群经济圈在产业发展、基础设施、科技教育、生态保护、文化建设以及社会管理等领域的合作。

二是积极接轨京津冀都市圈。凭借明显的区位优势和良好的产业基础，坚持面上推开、点上突破、融合互动的原则，以"一区四基地"定位，积极参与京津冀协同发展，按照承接转移、错位发展、利益共享的要求，突破行政区划和城市等级等束缚，主动承担和发挥区域中心城市的职能，主动承接区域产业转移、科技成果转化、优质农产品供应、劳动力输送和京津冀都市圈南部生态屏障的需求，主动挖掘京津冀都市圈合作机遇，推动深度合作。

三是强化与山东半岛蓝色经济区、天津滨海新区以及环渤海经济圈等区域的经济交流和技术合作。加快与"黄三角"、德州市内各县（市、区）、河北等地区重大基础设施建设的互联互通，强化与周边县市的彼此协调，在城镇功能上互相补充、相互倚重，形成发展合力。

（四）改革创新，优化环境

伴随着经济转型以及改革的深入，我国经济增长也从资本驱动逐渐转向创新驱动。科技创新不仅对城市竞争力贡献具有倍增效应，同时作为其重要组成部分的知识将以独立的力量显著地推动城市的增长、提高和扩张，是城市竞争力的决定性力量。首先，政府必须不断地创造鼓励创新的氛围和环境。其次，市民要有创新的热情和积极性，一个思想踊跃的城市才是一个生命力旺盛的城市。乐陵应加大创新驱动发展战略实施力度，以平台建设和创新体系完善为核心推进全面创新，以体制机制改革激发大众创业、万众创新，引导社会投资和人力资本向创新聚集，转变经济增长的驱动力，打造经济增长新高地。

与此同时，信息化水平作为促进创新的基础环境，越来越在创新驱动战略的实施中发挥重要作用。1989 年，美国城市学专家 Manael Castells 提出著名的“信息化城市”理念。所谓的中心城市信息化，是指中心城市的空间结构、基础设施和基础功能的全部数字化、网络化、智能化和可视化的整体过程。它的实质是要充分利用现代信息技术，开发和利用信息资源，改造传统的城市型产业结构，建立信息化的城市产业结构，提高城市经济的现代化水平和区域经济系统的运行效率。目前中国走在信息化前沿的只有北京、上海、深圳等少数大城市，因此，乐陵应该抓住机遇，走在鲁北地区城市信息化的前沿，这样才能在激烈竞争的信息时代掌握先机，高效率地完成各项发展任务。

十二、乐陵市县域经济发展对策

在一定领域和特定区域范围内不断强化比较优势是乐陵建设区域性中心城市、发展特色县域经济的务实选择。因此，立足于这一战略基点、策划实施一批重大项目，应成为乐陵市中长期内的中心工作。

（一）依托青岛保税港区德州功能区，打造区域性对外开放服务平台

青岛保税港区是山东省对外开放的龙头，在德州设立功能区对加快山东中西部地区发展具有战略意义。乐陵应继续强化青岛保税港区、德州功能区的先导优势，借助“一黄一圈一带”战略实施和“两高一铁”年内全部通车的有利时机，大力营造对外开放的浓厚氛围，为周边区域提供更高水平的通关保税服务，进而带动市域全面对外开放，形成建设区域性中心城市的坚实基础。

一是进一步挖掘、利用好青岛保税港区（德州）功能园区的政策优势，加快园区基础配套设施建设，积极引进保税库、储备库以及知名企业，争取设立综合保税区，打造“不临海的港口城市”，优化市域投资环境。

二是大力发展外经外贸。加大对威格尔橡胶、德润食品、百枣纲目等进出口潜力企业的引导、服务力度，壮大外贸出口主体和出口实力。积极参加国际国内大型展览会，多元化拓展市场。支持骨干企业在增资并购、境外上市等方面实现突破，提高外向型经济水平。

三是深化区域对接合作。将天津作为“北接”的重中之重，将青岛保税港区作为对接“蓝区”的切入点，实施产业、技术人才、基础设施等全方位对接。深化与胜利油田、哈尔滨工业大学、北京兰天大成、天津农垦等行业龙头的多层次、多领域合作，承接好产业、技术转移，争取在“一圈一带”区域发展中实现率先突破。

（二）发展飞地经济，提升开发区发展能级

在近 20 年的开发建设过程中，许多经营成功的开发区在规划、建设、招商、资金、管理、人才和产业发展等方面积累了宝贵的经验，形成了具有强大核心竞争力的优势和品牌效应，

成功探索出资源整合优、产出效益好、建设质量高的集约化园区经济发展路子。在土地资源严重稀缺的今天，飞地经济有利于城市化健康发展、有利于产业能级提升、有利于土地利用率和产出率的提高，应当在乐陵积极探索推广，从而创造出更多的价值。

乐陵经济开发区作为全市工业化的核心载体，仍然存在产业结构不合理、产品层次和附加值较低、土地利用率低、单位面积产出低、三废排放强度高等问题，与乐陵建设区域性中心城市的战略目标仍有较大差距。因此，一方面，要注重集约化、高端化发展，加快实施园区循环化改造，完善乐陵市科技创新创业园基础设施，加大选商选资力度，扩大五金机械、体育、汽车零部件等园中园规模。同时，借助青岛保税区(德州)功能园平台，深入挖掘京津冀产业转移中与乐陵“4+3”产业能够形成协同效应的产业项目，加强与京津冀和沿海城市的对接与合作，打造环渤海城市带的新兴产业集聚区，争创国家级经济技术开发区。

另一方面，应大力发展飞地经济。一是通过跨区域利益分享机制，建立与京津冀和周边大城市的产业转移承接平台，积极引入具有丰富开发建设及管理经验的企业进入开发区。这些企业应与乐陵主导产业体系有相对较高的关联度，即以现有大型公司为重点，引进国内知名企业设立地区总部、制造基地、研发中心、采购中心和服务外包基地等，进而向乐陵输入品牌、资金、人才、管理、技术等资源，促进乐陵本地五金机械加工产业、体育产业、相关先进制造业、配套服务业等产业不断做大做强，提高发展水平和经营效益。二是建立市域内部利益分享机制，引导非重点乡镇分散的招商项目集中到城区来，充分发挥经济开发区产业集聚优势，推动其更好更快发展，从而提升城区对周边乡镇的统筹带动能力，促进县乡协调发展。

(三)建设专业化产业园区，培育特色产业集群

充分挖掘乐陵中心城区以及各乡镇的区位、交通、资源、产业、历史、文化等方面的独特禀赋，并以此确立不同的发展定位，形成各园区独有的个性与特色。以经济开发区、循环经济示范园区和杨安镇调味品产业基地为乐陵市新型工业化的主要载体与龙头，以郑店镇工业集中区、黄夹镇产业集中区、朱集镇金丝小枣产业区、寨头堡帆布产业集中区、丁坞镇产业集中区等产业园区为区域重点，形成“三区、多基地”的协同分工合作的现代制造业空间布局结构。通过专业化产业园区建设，实现各园区间联合互动、差异化发展。

加大科学招商力度。强化各产业办公室招商引资主体作用，加大对产业现状、预期、政策等方面的研判分析，科学谋划契合各产业园区实际的招商计划、项目，突出招商的实效性。引导和鼓励企业走出去加强与央企、强企、上市公司的对接合作，争取合作一个项目、做强一个企业、提升一个园区、带活一个产业。同时，适当提高招商项目进入门槛，对投资企业采取双向约束的激励办法，把最低亩均税收和提供优质就业岗位作为项目进入的“红线”，保证招商引资的质效。

推动园区档次提升。进一步提高园区土地集约水平，释放发展空间。严格控制省级以上园区高耗能、高污染项目建设，节约集约利用土地，全面推行清洁生产，积极创建循环园区。着力推动经济开发区转型升级，统一规划主导产业配套园区；集中财力、加大投入，推进循环经济示范园、现代生态农业观光区完善设施、做大总量，实现滚动式发展；加快农高区建

设，建立健全园区管理推进机构，完善协调推进机制，推动特色产业集聚。加强高新技术园区建设，着重提升园区研发和技术孵化等服务功能，提高园区科技贡献率。

(四)打造生态园林城市，提高城市宜居水平

以创建省级生态县(市)为契机，推动开展增绿、净水、治气、护蓝生态建设行动。按照生产空间集约高效、生活空间宜居适度、生态空间天蓝地绿水秀的总体要求，大力实施生态提升工程、加强环境综合治理、坚持低碳循环发展，加快城中村改造进度，打造生态宜居、环境优美、人与自然相和谐的特色精品城市，塑造区域性中心城市应有的品质和形象。

稳定生态枣林和扩大北部生态防护林面积。围绕碧霞湖水库、丁坞水库等水源地，重点建设一批生态保护带，改善水系生态环境，维护水系生态安全。完善马颊河、漳卫新河、德惠新河等主河道及支流水岸绿化工作，打造集防汛、产业、景观、休闲等于一体的绿色生态长廊。推进“跃马河”干渠人工湿地水质净化扩建、西部新城污水处理厂湿地、循环经济示范园湿地和“跃马河”生态修复与枣林湿地等人工湿地水质净化与生态修复工程。优化城市公园、绿地、水系布局，提升公园、生态园区绿化景观效果。对市乡道路、住宅小区和村庄绿化进行全面升级改造，确保市域林木覆盖率和城区绿地率达到“国家生态园林城市”标准。

加快城中村改造进度，大力推进城中村社区人居环境的综合改善。一是加强城区公共服务设施和现代化城市居住社区建设，强化中心城区的城市服务功能，同时大力改善城区生态环境，进一步拉动市域人口向城区集中。二是积极改造城中村和棚户区，以农村基础设施和公共服务设施的适度集中、集约布局推动农村居民点整合，提高建设用地单位产出效率。凡是城市规划区范围内的村庄，改造完成后一律按照城市居住区的标准进行建设。按照每年改造5个城中村的目标，利用5年的时间，争取将现有50个城中村17个片区改造完成50%，争取利用10年左右全部改造完成。三是实现管理体制由农村式管理向社区化管理转变。结合村改居、社区化进程，推进集体资产改制，推行社会化管理。

(五)挖掘“枣乡”资源，建设全国“枣文化”展示交流、旅游中心

近年来，乐陵市金丝小枣通过全国农产品地理标志认证，老枣树得到有效保护，通过引进德润健康食品、百枣纲目等精深加工企业，加强“枣乡”文化旅游与红色文化旅游结合，不断做强做优红枣名片。未来要把“枣文化”建设提升到事关全市大局的战略高度，继续依托枣林公园、红枣博览会、红枣博物馆等地域特色展示平台，深入挖掘“枣乡”资源，形成浓厚且饶有趣味的“枣城”氛围，打造城市文化品牌。

一是要借助枣树普查的契机，建立古树名木保护档案，实现定期监测和动态管理，稳定生态枣林面积。同时，对枣木工艺品、枣粘(年)糕等非物质文化遗产进行挖掘和抢救。

二是与旅游发展相结合，提升朱集镇生态枣林景观旅游片区的规划建设管理水平，融合乐陵特有的枣文化、养生文化、民俗文化，开发得天独厚的自然资源和历史要素，打造多条“枣文化”精品旅游线路，开发一系列“枣品牌”售卖品和纪念品，打造京津冀南乃至全国范围内重要的旅游目的地。

三是从核心地段的旅游形象设计和视觉识别体系入手，注重乐陵“枣文化”的物理载体建设，使“枣文化”符号化、立体化、可视化。如乐陵汽车站的形象建设，以及主要公路干线入口处应统一设计乐陵文化旅游宣传系列成套化标语及动态宣传板；将通往“枣文化”旅游景点的道路进行特色化处理，营造红色健康氛围；注重“枣城”的徽标、吉祥物、纪念品、宣传册、宣传片的设计，成立“枣城”创意文化产业园，依托创意文化产业园对文化创意产品进行推广展示；绘制“枣城”文化地图，进行精致化宣传，突出亮点，一目了然，吸引众多爱枣人士、做枣企业、富枣城市来乐陵进行参观交流，提升城市知名度。

（六）加快城镇化体制机制创新，强化城区人口集聚能力

新型城镇化的关键是实现土地城镇化向人口城镇化的转型和发展，并在人口城镇化的基础上逐步走向人的城镇化。乐陵作为德州国家级新型城镇化试点的重要组成部分，更要面对自身存在问题加快要素的空间集聚与整合。应将“推进农业转移人口市民化”作为首要任务，以农民工整体融入城市公共服务体系为核心，推动农民工“个人融入企业、子女融入学校、家庭融入社区、群体融入社会”，解决好农民工市民化问题，提高城镇化的包容性，吸引和促进新型城镇化深入持续推进。乐陵进入发展转型新阶段，城镇化必然将成为乐陵未来5～10年转型发展的突出优势和主要动力，并由此支撑市域经济中高速增长。

因此，乐陵首先需要建立“农业转移人口市民化”促进机制，解决“人往哪里去”的问题。一是要深化户籍制度改革，逐步推行居住证制度，稳步推进城镇基本公共服务常住人口全覆盖，使他们更好地融入城市生活，让进城农民进得来、落得下。二是要健全住房保障和供应体系，让进城农民住得下、住得稳。建立完善城镇住房保障准入条件，逐步把进城落户农民完全纳入城镇住房保障体系。积极发展公共租赁住房，深入推进棚户区和城中村改造，大力实施“安居工程建设行动”，继续开展“农民工住房保障行动”。三是要改革完善就业和社会保障制度，让进城农民能就业、有保障。建立产城互动机制，培育壮大特色产业体系，稳定城镇就业吸纳能力，解决好进城农民就业问题。建立对进城农民的职业技能培训制度，提高他们的就业竞争力。建立统一的城乡居民养老保险制度，推动基本医疗保险制度城乡统筹，将进城落户农民完全纳入城镇住房和社会保障体系。

其次，要着力建立多元可持续的资金保障机制，解决“钱从哪里来”的问题。一是按照“区域发展、金融先行”的要求，以产业化手段推进金融发展，加大金融分支机构的引入力度，推进金融创新，强化金融生态建设，培育完善多元化、开放型金融机构和组织体系，提高金融业产品创新和服务实体经济的能力。以实施“农业新型经营主体融资增信试点”工作为契机，继续开发推出有针对性的金融产品，特别是创新服务中小型农业龙头企业、农民专业合作社、家庭农场和专业大户等具有示范与带动意义的金融产品。推动乐陵农村信用合作社改制成为农村商业银行，整合现有投资公司、担保公司、民间资本管理公司等金融机构，壮大本地金融企业实力。二是要改变旧有完全由政府主导的基础设施建设投融资模式，推进政府与社会资本合作。大力推广提供基础设施建设的PPP模式，基于PPP框架提供在融资、建设和管理层面进行市场化竞争的平台，引入成熟基建运营企业，解决政府融资能力不足的

问题，提升公共设施提供和管理能力。

（七）推进创业孵化，培育多层次市场主体

除招商引资、从外部引入投资经营主体外，推动大众创业、从市域内部不断孵化出新的企业也是加快市域经济社会发展的重要途径。因此，乐陵不仅要贯彻落实中央和省市各级政策文件，更要扎实推进乐陵“四个中心”和创业孵化平台建设，从而提升市场主体地位，培育形成多层次、可持续的经济发展动力。

加大创业孵化基地建设力度。坚持政府扶持、市场化运作的原则，依托现有工业园区、经济技术开发区、企业创业孵化基地、城市配套商业设施等建设创业孵化基地。建立创业孵化基地创业导师制度，组建一批由企业家、专家学者及相关部门工作人员等组成的创业导师志愿团队进驻创业孵化基地，为创业者提供分类、分阶段指导。充分挖掘社会资源，对闲置的工业厂房、仓储用房、办公用房等存量房产，在不改变建筑结构、不影响建筑安全的前提下，支持改建为创业孵化基地。

提供“一站式”创业服务。整合人社、工商、税务、金融等部门资源，完善中小企业服务、政务服务、便民服务、公共资源交易“四个中心”建设，建立创新创业综合服务平台，为孵化基地入驻创业实体提供政策咨询、项目推介、开业指导、人力资源引进、融资服务、补贴发放等“一站式”创业服务，及时发布创业扶持政策、办事流程、创业信息、服务资源等公共信息。

实行人才服务“直通车”。对创业孵化基地引进的人才，落实和兑现人才优惠政策，吸引人才聚集乐陵。提供人事代理、档案保管、社会保险办理和接续、职称评定、权益保障等服务。结合创业导师制度，完善人才孵化体系，打造一人一策、一企一策、量身定制的特色人才服务项目，拓展创新创业人才和团队的培养引进服务功能。

搭建创业者交流平台。采取创业沙龙、创业者俱乐部等多种方式搭建创业者交流平台，经常举办交流活动，为入驻创业孵化基地的创业者及时了解政策和行业信息、学习积累行业经验、寻找合作伙伴和创业投资人创造条件。

（八）整合科技研发平台，规划科技商务中心

乐陵市各大企业科技研发资源相对丰富，但存在分布分散、资源利用率低、产出效益不高的问题。为了向乐陵主导产业提供更好的科技创新服务并支撑长远发展，需要采取推动科技创新、资源开放共享等途径，对乐陵现有的相对较分散的科技研发平台进行整合，并集中提供创新基础设施。

规划建设科技商务中心，以科技创新资源的空间集聚促进创新能力提升，实现乐陵新型工业化和可持续发展的目标。一方面，紧紧围绕主导产业链建设专业化科技创新链。可以将各企业内部研发中心里的共性部分进行整合，分类成立差异化科技研发部门，促进创新资源的优化配置、开放共享和金融资源的整合，从而推进政府职能转变和科技管理体制的改革，提升高新技术产业聚集发展水平。另一方面，空间集聚也能为创新人才提供更多充分沟通交流、激发灵感的机会，更易于产生科技碰撞，促进全社会创新能力的明显提升。

加大科技研发平台的宣传力度，搭建宣传展示载体。通过招商引资吸引国内知名企业进入，鼓励平台内具有竞争优势的企业通过参股、控股、承包、兼并、收购、联盟等方式，实现业务重组与产业链延长。召开优势产业的博览会，邀请国内外相关专家举办讲座，定期举行企业家交流研讨活动，利用平台优势提升企业知名度，进一步吸引人才和企业投入到乐陵的科技创新事业中去。

（九）优化基础设施和公共服务配置，提升承载力和吸引力

基础设施和公共服务设施的综合配置水平是衡量和评价城市现代化水平的重要指标。乐陵应坚持基础性、战略性、先导性方向，以能源、交通、水利和信息化等作为重点，进一步完善基础设施配置，构建适度超前、功能完善、安全高效、保障有力的基础设施支撑体系。

优化道路交通、电力、通信、互联网、燃气、供热、城乡供水等重大基础设施布局，解决基础设施供给与经济社会发展不相协调、保障水平不高的问题。尤其是要加强对马颊河、漳卫新河、德惠新河等河道以及城区河道的综合治理，加快污水处理设施建设和升级改造，实施乐陵市城区污水分流工程，加快配套管网建设，提高污水收集率和集中处理率，加快改善城乡水环境。推行城乡环卫一体化，建立完善的城乡生活垃圾一体化收运处置体系，继续实施“村收、镇中转、县处理”的垃圾处理模式，实行环卫保洁精细化、标准化、科学化管理，形成城乡保洁长效机制。

加快健全市、镇、村（社区）三级公共文化服务体系，建设和完善综合文化服务中心体系。按照基础较好、文化氛围较浓、社会意愿较强、分布较均匀的原则，选择市域各乡镇有条件的村开展农村综合性文化活动中心建设试点工作。完善服务网络，推进数字图书馆建设和基层公共文化服务资源的共建共享，实现社区公共电子阅览室全覆盖。实现公共文化场馆向全社会免费开放，积极开展文化下乡、文化辅导、送戏下乡等活动，继续做好重大节日文化活动。

加大投入满足不断增长的教育需求。按照优先发展、育人为本、改革创新、促进公平、提高质量的要求，深入实施教育强市战略。完善经费保障机制，加大教育投入，确保各级财政教育拨款增长明显高于财政经常性收入增长，保证教师工资和学生人均公用经费逐步增长。进一步提高全市财政预算内教育经费占财政支出的比重，进一步加大社会资本的引入力度并进行合理配置，形成全社会办教育的良好格局。借助于社会资本和公共投入，稳步解决校车交通问题。

健全和完善统一高效的社会保障体系。科学测算社会保障需求，提前谋划，确保保障资金供给。健全和完善以社会保险、社会救助、社会福利为基础，以基本养老、基本医疗、最低生活保障制度为重点的社会保障体系，到2020年实现社会保障制度全覆盖、五项社会保险市级统筹。

健全公共卫生服务体系。健全疾病预防控制、健康教育、妇幼保健、精神卫生、应急救治、采供血、卫生监督等专业公共卫生服务网络，积极防治重大传染病、慢性病、职业病、地方病和精神疾病，加强与基层医疗卫生机构之间的资源共享，提高突发公共卫生事件处置能

力。提高人均公共卫生经费标准，扩大基本和重大公共卫生服务免费项目。全面推行公共场所禁烟。开设健康热线，普及健康知识，倡导健康文明的生活方式。加强卫生专业队伍建设。加强卫生人才培养工作，实施卫生专业队伍素质提升工程，努力建设一支高素质的卫生人才队伍。

第二节　发展背景分析

一、国际环境

"十三五"期间，世界经济仍处于后金融危机时代的调整变革期，世界多极化、经济全球化还在深入发展，经济的总体增长速度趋缓，市场的扩展力较前减弱，全球产业分工、国际投资贸易规则、世界政治格局等都会发生新的变化，国际金融市场动荡性增加，世界经济发展中不稳定、不确定和不平衡的因素增多。世界经济复苏步伐不如预期。美国复苏态势比较明显，欧盟经济正在复苏但增长速度较低，日本经济受政治影响存在较大变数，新兴经济体的增长速度明显放缓。

全球产业分工格局继续深化发展。新兴经济体和发展中国家纳入全球化产业分工的区域正在扩大，新一轮的产业转移和分工正在发生，产业发展制高点的争夺更加激烈。新科技革命和互联网条件下的商业模式创新，大数据、云计算、物联网、3D 打印、生物工程、新能源、新材料等领域取得重大突破，正在引发以绿色智能为核心的产业变革，对全球产业分工格局会产生重要影响。发达国家与我国的产业关系将由互补为主转向互补与竞争共存，新兴经济体与我国产业同构竞争加剧。

全球贸易体系和规则正在重塑。以 WTO 为代表的多边贸易规则受到越来越多的挑战，发达国家主导的跨太平洋战略经济伙伴关系协议（TTP）和跨大西洋贸易与投资伙伴关系协定（TTIP）等各类跨区域贸易协定的生效，将会带来新一轮国际投资贸易规则的变化，向着区域合作和更高标准的方向发展。TPP、TTIP 和 PSA（多边服务业协议）将成为美、欧、日主导全球 21 世纪"铁三角"国际经贸游戏的新规则。另一方面，当前贸易区域集团化趋势的加剧，也可能促使以 WTO 为代表的多边贸易谈判体制取得新进展。

二、国内环境

从图 6-15 可以看出，最近几年中国经济总量呈现不断增长的趋势，但是增长率从 2011 年开始呈现下降趋势，中国经济社会发展进入新常态，发展规律和客观环境均表明，"十三五"时期，我国经济将向形态更高级、分工更复杂、结构更合理的新常态演化。经济结构从增量扩能为主转向调整存量、做优增量并存的深度调整,经济发展动力正从传统增长点转向新的增长点。

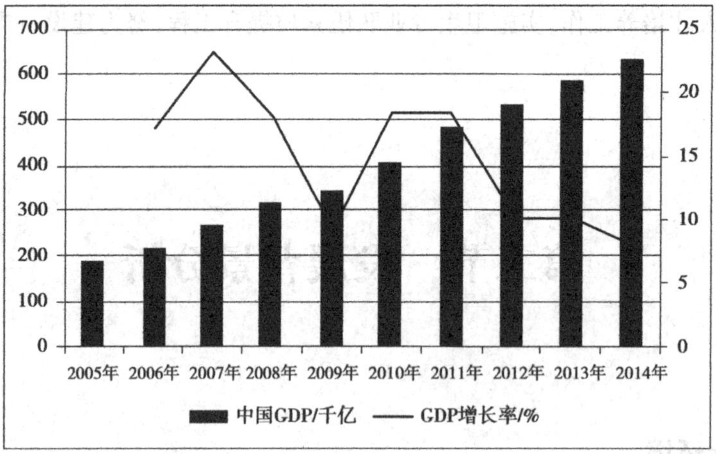

图 6-15　中国 GDP 及 GDP 增长率

经济发展方面,我国经济进入换挡期,经济增速从长时期两位数增长进入 7% 左右的中高速增长阶段。发展方式从粗放增长转向集约增长,推动我国经济增长的主要力量,逐步从依靠要素、投资驱动转向依靠技术进步和创新驱动。经济结构从失衡转向优化。从产业结构看,农业和制造业比重下降,服务业比重上升;从需求结构看,内需超过外需、消费超过投资,成为支撑增长的主体;从能源结构上看,单位 GDP 能耗持续下降,环境明显改善。

国家战略层面,中央提出"两个百年"的奋斗目标,做出"五位一体"的总体布局。"一带一路"、京津冀协同发展战略、长江经济带等创新发展战略,将推动形成新的区域协调发展格局。全面深化改革,将推动市场化改革、政府行政体制改革、国企改革等实现突破。全面推进依法治国,将加快制度建设的步伐,推进政治体制改革与法制化进程,为社会稳定发展提供坚强保障。

社会治理方面,各类隐性风险开始逐步显现,社会不稳定性因素增多,面临人口老龄化、资源环境、产能过剩、地方债偿还、公共安全、社会偶发事件等因素的制约,社会治理面临更多挑战。

由此看来,我国将逐渐告别数量扩张性的高速增长阶段,进入质量提升型的中高速增长阶段。我国经济需改革创新转换经济增长模式,形成良性内生增长机制,建立起新的竞争优势,推动贸易结构和产业结构全面升级,以期在"十三五"期间迎来黄金发展转型期。

三、山东省背景

从图 6-16 可以看出,山东省经济总量和全国经济总量走势大体一致,经济总量不断上升,但增长幅度趋缓。金融危机对山东的影响非常明显,2009 年地区生产总值增长率大幅下降。从趋势上看,地区生产总值增长率从 2011 年之后逐年下降,表明山东经济与全国同步走入"新常态"的中高速增长通道。

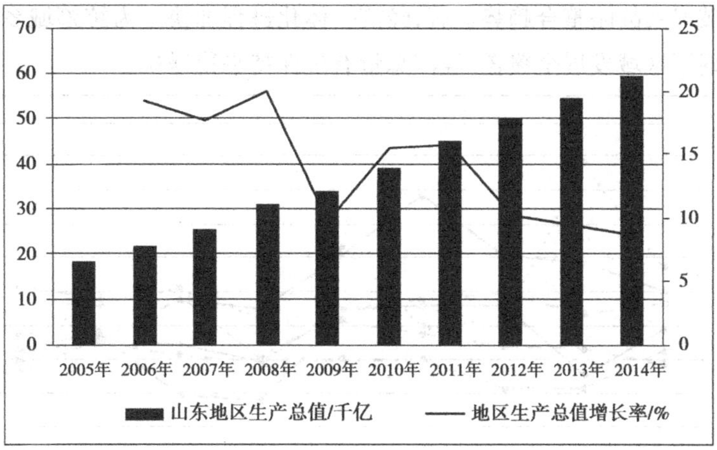

图 6-16　山东省地区生产总值和地区生产总值增长率(2005—2014 年)

图 6-17 给出 2005—2014 年 6 个省份固定资产投资占地区生产总值比变化情况。山东省固定资产投资拉动经济增长的特征比较明显。在这十年间,山东省固定资产投资占比一直高居六省之首,仅有江苏这一指标保持在这一水平上,远远高过地区生产总值总量全国占第一位的广东省。这可能由于山东国有企业占比较高、重工业化程度较高,这类企业需要大量投资以保持较高的资本份额。从份额上看,山东省固定资产投资占比从 2005 年的 10% 增长到 2014 年的 42%。

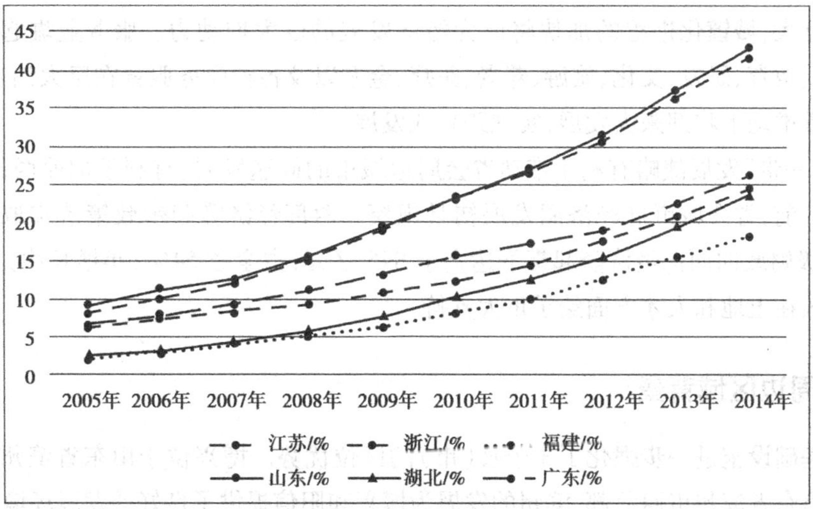

图 6-17　六省固定资产投资占比(2005—2014 年)

从图 6-18 可以看出,山东省固定资产投资增长率从 2008 年开始几乎每年都有下降趋势,并且增长率和其他几个省相比处于中等偏下水平,这说明山东已经在采取措施降低对固定资产投资的依赖程度。"十三五"期间,山东省进入工业化转型期、城市化加速期、信息化融合期、市场化完善期、国际化拓展期,依托比较丰富的资源、良好的产业基础、前瞻性的发展战略、比较完善的基础设施和基础产业,全省改革发展的力度加大,经济新增长点将逐步涌现。全省区域发展战略整合趋势显著，经济一体化进程加快。为统筹城乡区域协调发展，山东省率先实现了区域发展全覆盖，经济总量有望保持平稳增长。

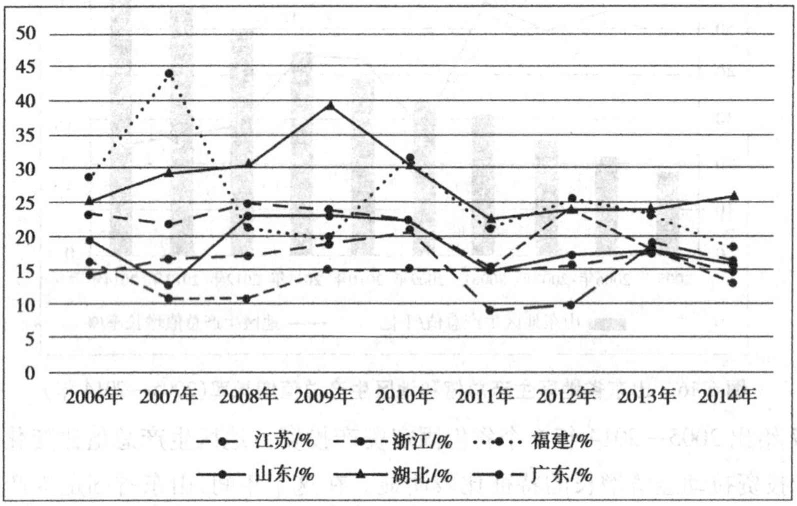

图 6-18　六省固定资产投资增长率（2006—2014 年）

“十三五”期间，山东省“两区一圈一带”的资源整合和优化配置将进一步加强，实现优势互补、错位竞争、一体化发展。全省工业化转型、城市化加速，潜在需求巨大。产业结构调整优化的步伐加快，居民消费结构持续升级，人口、产业将进一步向城镇集聚，城市基础设施建设需求巨大，城镇化进程的加快将成为经济发展的巨大推动力。服务业崛起势不可挡。信息、物流、教育、研发、文化、旅游、养老、医疗、金融以及各种商务服务在巨大消费需求和信息化的双重推动下将迎来大发展，实现跨越式发展。

“一圈一带”发展战略有利于带动省会周边城市的同速发展，有利于加速西部地区的经济发展。目前，省会城市群经济圈发展初具规模。西部经济隆起带政策落实取得新进展。2014 年省级财政向西部经济隆起带下达资金 845 亿元，占全省 54%，年增长率达 7.6%，并对西部地区在土地和人才方面给予重大支持。

四、周边区域背景

交通基础设施进一步强化了 3 个县（市）的区位优势。博兴位于山东省滨州市东南部，阳信位于山东省滨州市西北部，滨州的发展为博兴和阳信提供了良好的发展环境和平台。

“十二五”以来，滨州市地区生产总值年均增速为 10% 左右。205 国道从阳信东部和博兴穿过，滨博高速公路穿越阳信县东部，滨德高速公路在县城北东西方向穿越阳信全境，山深路（G205）南北贯穿博兴全县。这些都为阳信、博兴织成了一张交通便利网。“十三五”期间滨州正在向着“一极、一通道、两区、三基地”的方向发展，博兴、阳信也将从滨州“十三五”的巨大发展中受益。

德州经济社会发展进入转型跨越期,乐陵作为多个战略叠加区域,将迎来前所未有的发展机遇。京津冀协同发展是国家推动区域合作协同发展的战略举措,德州以“一区四基地”的定位纳入其中,为乐陵实现借势融入、乘势发展迎来新机遇。乐陵地处鲁北,是周边地级市的中心圆点。新京沪高速、滨德高速、314省道升级为国道、德龙烟铁路等交通基础设施的完善和通车,进一步强化和突出了乐陵的区位优势,为乐陵打造区域中心城市和促进物流、旅游等产业发展提供强大助力。

第七章　黄河三角洲区域可持续发展对策

第一节　黄河三角洲区域可持续发展的理论基础

一、区域可持续发展理论

可持续发展理论可追溯至古典哲学的核心思想——“天人合一”，20 世纪 60 年代起，《寂静的春天》《增长的极限》的相继问世，引起全球对发展与环境关系的大讨论，如何既保护环境又持续增长，成为全人类重视的话题；1987 年，《我们共同的未来》报告中正式提出“可持续发展”，将其定义为“既满足当代人的需求，又不损害后代人满足其需求的发展”，标志可持续发展理论的最终形成；1992 年地球峰会发布《里约宣言》和《21 世纪议程》，可持续发展从理论研究进入实践阶段，成为全球人类共同的发展战略；1994 年 John Elkington 提出经济发展（economy）、社会公正（equity）和环境可持续性（environment）的“3E”原则作为衡量可持续性的三重底线，发展中的社会问题逐渐被重视，展开了强可持续性与弱可持续性的讨论。1999 年美国国家研究理事会首次提出“可持续性科学”，出现一个旨在理解自然与社会之间相互作用基本特征的全新学科领域。此后的 2002 年及 2012 年的地球峰会不断呼吁注意实行有效的全球政策以实现可持续发展，2015 年联合国通过“2016—2030 年的全球可持续发展目标（SDGs）”，表明可持续发展内涵先后经历了三种不同类型，最终达到经济发展、环境问题、社会问题的协调发展（图 7-1）。

由于可持续发展理论对发展在空间上的协调未能给予充分的注意，1993 年牛文元提出对可持续发展定义空间尺度的补充，空间关系是可持续发展不容忽视的侧面，而这个侧面正是地理学研究的优势所在。我国地理学家们从地理学科属性出发提出“区域可持续发展”概念，包括区域内部和区域间关系的可持续发展相关的研究两个方面，指出可持续发展目标的实现要按照一定时序、在一定区域范围内进行，强调区域经济和社会同人口、资源、生态环境之间保持和谐、高效、优化有序的发展。基本原则包括公平性原则、共同性原则和持续性原则,理论基础包括人地关系理论、人口承载力理论、三种生产理论、生态经济理论等,总体能力由区域可持续发展的“发展度”“协调度”和“持续度”体现,基本框架由七个模块构成(图7-2),核心是生态环境—经济—社会三个子系统在一个区域空间上的协调发展。主要研究各个区域间资源要素禀赋流动及其对经济社会发展的影响,并注意时空特殊情况下的人地关系,进而推动可持续发展进程,缩小区域差异。

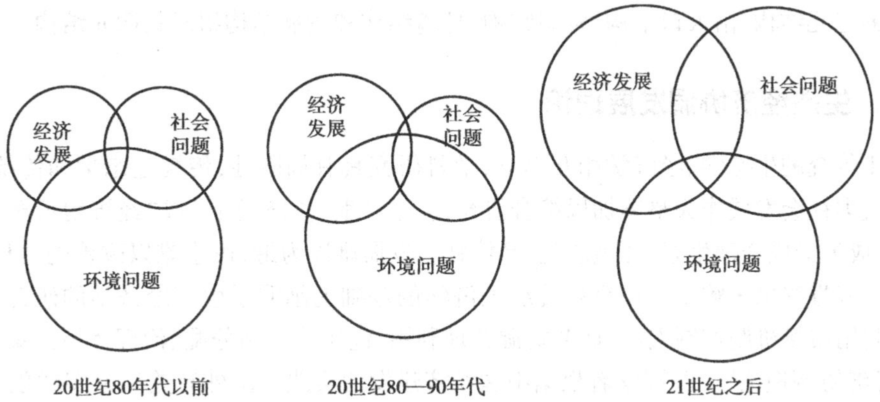

图 7-1　“可持续发展”内涵的演变

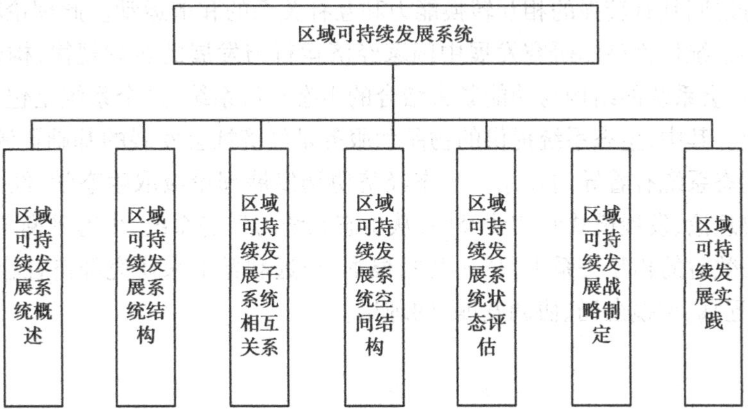

图 7-2　区域可持续发展系统框架

二、人地系统理论

人地系统是在理解人地关系的基础上借鉴系统论观点提出的,人地系统形成演化过程实际上是不同发展水平和发展阶段供需要素的流动过程及因此引发的区域发展格局变动过程。人地关系是人类活动对地理环境的影响以及地理环境对人类活动的反馈,其综合层次是人类与生存环境的协调与持续性问题。人地关系中的“人”不是单个的人,是在一定的生产方式下从事生产活动或社会活动的人,是由社会、经济、人口和文化等要素组成的社会经济综合体,兼具自然属性和社会属性。“地”是与人类活动密切关联的自然要素有规律结合的地理环境,存在地域差异,受人类活动影响与改变。人地关系问题伴随着社会经济的发展及区域发展外部条件的变化，随着人类社会的发展而不断向广度和深度进化。

人地系统是由若干相互作用的自然要素和人文要素组成的复杂巨系统，通过物质流、能量流和信息流，使系统具有整体效应与功能。人地关系理论与认识的新发展引发由人地关系向人地系统的转变，地理环境在时空范围内按照自然界演化规律发展变化，人地系统也不断发展变化，两者相互作用而达到新的水平。人地系统结构组成呈多样化，大体分三种类型：由人文要素结构和自然要素结构组成的二元结构，由社会结构、生态环境结构和经济结构组成的三元结构，由人口结构、资源结构、环境结构和发展结构组成的四元结构。

三、生态经济协调发展理论

由于传统的生态学、经济学相互孤立，学科研究具有局限性，传统生态学和传统经济学都未将人类社会发展作为整体加以综合研究，甚至产生“生态至上”或“经济增长至上”的片面理论，成为造成全球生态、环境恶化，经济社会发展难以为继，民生难以改善的总根源。美国经济学家肯尼思·鲍尔丁在反思传统经济学的基础上阐明了生态经济学的研究对象，通过论述利用市场机制控制人口、调节资源合理利用、优化消费品分配、治理环境污染等，提出“生态经济协调理论”。我国学者根据中国经济建设的实践与国外有关理论实践创立了“生态经济协调发展理论”。区域发展强调系统协调以寻求最优组合，需要系统与环境之间、系统的各个组分之间具有较强的相互转换能力和互补关系的和谐运动。此理论将生态环境系统和经济社会系统作为整体研究发展中国家经济运行与发展的客观规律，构建把生态环境系统和经济、社会系统的结构与功能紧密结合的生态经济系统，这个系统是包含许多个子系统的复合系统。其中，生态系统提供的物品和服务是经济社会发展的基础资源，经济系统和社会系统对生态系统有着导向作用。生态经济协调发展理论汲取生态学、经济学和人文科学等相关学科理论、发展模式和实践经验，从生态系统与经济系统、生态平衡与经济平衡、生态效益与经济效益的相互关系上，从人类的根本、长远利益上来研究经济社会发展的规律，是一门“高瞻远瞩、统揽全局、协调发展”的理论。

第二节　黄河三角洲区域可持续发展演变阶段划分

一、演变阶段划分依据

（一）人地矛盾表征性指标

综合反映人地关系地域系统内部的经济、社会、生态环境的表征性指标，由于它是人地关系发生转折的重要拐点,因此成为人地关系地域系统演变阶段划分的重要依据。主要包括反映自然存在的和人类经济社会活动行程、具有相应的空间形态对象和过程性指标,反映人类经济社会活动中的现象和过程性指标,反映政策和制度效益指标三个方面。

(二)经济发展所处阶段

经济发展过程的各类变化使区域经济发展阶段呈现不同的阶段性,不同阶段与生态环境状态和资源环境节约保护能力阶段结合,经济发展阶段与工业化和城市化发展阶段、演变阶段相一致,根据区域所处的经济发展阶段判断演变阶段有重要意义。区域经济发展系统本身是复杂的巨系统,对其发展阶段划分应简化指标的同时最大可能涵盖区域发展的基本信息。据此采用钱纳里经济发展阶段标准划分经济发展阶段,人均 GDP 能有效准确反映区域经济发展所处的阶段。

(三)需求结构与发展序变化

经济的持续发展促成发展序向更高层级演化,推进区域需求结构向更高层次演化,一方面决定了区域的产业结构演化顺序,另一方面促使政府适时改变发展次序与发展重点,调整社会总有效购买力在各产业中的分配比例。公众需求层次与政府发展状态是否一致成为影响人地关系地域系统演变阶段的重要推力,也成为划分演变阶段的重要内容。

二、演变阶段划分

(一)现代社会之前的缓慢发展阶段

黄河三角洲区域虽然成陆时间短但区域范围内拥有悠久历史。已发掘的傅家遗址、五村遗址和现存的柏寝台等文物古迹表明,早在 5 000 多年前的大汶口、龙口文化时期就有人类在此繁衍生息。人们从事原始农业生产,饲养家畜和渔猎采集,人类活动对自然环境干预和影响小,人地矛盾主要为低水平的生产力和匮乏的生产资料的矛盾,人地关系处于原始协调共生阶段,处于低层次的协调状态。

传统社会时期,黄河先后在天津附近、河南濮阳市、山东东营市、山东滨州市、淮河等地入海,改道频繁。清朝咸丰五年(1855),黄河在河南兰考县决口,主流东行,穿大运河,至山东阳谷县汇入大清河,复由东营市利津县入海,1938 年掘开郑州花园口黄河南行入淮,直至 1947 年花园口堵筑工程,黄河经东营境内入海。东营经过几百年沧桑巨变始终处在河尾摆动的扇形区间内,逐渐形成大片新淤土地并逐年向大海推进,吸引人类进行开荒种地、放牧牲畜、发展盐业等活动,人类对黄河三角洲的开发仍以农业活动为主。该阶段在人口适中、社会比较稳定、不受战乱影响时期发展迅速,易对自然环境造成一定影响,但未对自然环境造成大范围的污染和破坏,人地关系处于缓慢演化阶段。

(二)现代社会之后的波动发展阶段

1. 农业资源开发为主的农业经济阶段(1949—1960年)

此阶段该区域在计划经济体制背景下进行了一系列的经济社会生产活动,整体仍然是以农业资源开发为主。自黄河改道后,大规模的农垦和军垦为黄河口带来新建制的新居民,农业生产空间不断扩展,先后建立国营农场、马厂和水利工程,粮食需求基本得到满足,达到自给自足略有节余。但农业规模的持续扩大带来了对土地的开发强度不断加大,以"以粮为纲"为代表的农业政策和计划经济体制农业集体化发展赶超战略被简单理解为扩大耕地面积,农业生产空间不断向北部扩展,黄河三角洲区域的大规模开发强度不断加大。土地利用处于粗放阶段,人们在改造黄三角的同时出现破坏当地脆弱的生态环境,大面积盲目开垦、管理粗放、草地等绿地面积破坏等土地资源不合理利用现象,造成土地盐碱化等负面影响,经受着自然报复的考验。这段时期黄三角地区约束条件主要有粮食、耕地需求对人口增长的约束、地理环境对农业开发活动的约束等,人地矛盾表现为人和土地的矛盾,属于传统经济发展模式。

2. 工业资源开发为主的工业经济阶段(1961—2000年)

20世纪60年代胜利油田的发现和建设,使黄三角地区进入大规模的油气资源开发时期。东营市位于石油富集的济阳拗陷东部,石油资源丰富。20世纪初,中国地质工作者就曾在附近进行地质调查,1961年4月石油工业部在惠民地区(现东营市东营区)打的华8井,获日产8.1吨的工业油流,从而发现胜利油田,1962年在东营构造上打的营2井获日产555吨的高产油流,这是全国日产量最高的油井,标志东营地区的油气大规模开发时代的到来,石油资源得到大力开发。1974年建成中国第二大油田——胜利油田,1978年胜利油田的原油产量达1 946万吨,1991年,原油达到历史最高产量3 355万吨,之后连续9年保持在3 000万吨以上,21世纪开始保持2 700万吨左右的水平。

石油的开发催生了资源型城市,使山东省境内的"北大荒"迅速由荒芜走向繁荣,黄三角地区实现了由农业经济向工业经济的转型,逐渐形成以纺织、石油加工、化工、食品加工、造纸为主的原材料及加工工业体系,推进工业化迅速发展。东营作为石油储藏含量丰富的城市,在发现华8井之后大规模的开发建设给黄河三角洲区域发展带来巨大生机。1983年东营市正式建置标志着黄三角地区进入以城市为中心,工业化带动下的城镇化快速发展新时期,大规模的油田资源使该区域呈现油地二元经济特征,地方为油田提供人力、物力和土地,油田带动地方工业、服务业发展,为地方提供就业,支持地方基础设施建设,油地共同发展,经济步入快车道。

需要指出的是,在油田经济发展的同时,带来严重的环境污染和经济社会问题。石油经济发展方式粗放,在开采过程中,基础设施建设和油田类企业易破坏生态环境,产生的大量废水、废气等废弃物污染土地、空气和水源,土壤受到污染后造成植被死亡,出现大面积裸地。漏油等原因还会引起一定的海洋污染，石油开采过程中还会产生地面沉降、地下水位下降、海水倒灌等问题，增强了当地生态环境的脆弱性。产业结构不合理造成当地经济过度依赖油田经济，工业发展布局存在局限性，增加了黄三角地区工业发展对生态环境的负面影响力度。这段时期是黄三角地区“人”与“地”矛盾最为激烈的时期，在以石油资源开发为主的工业经济时代，人类开发强度逐渐增大，对自然环境产生的影响逐渐明显，生态环境问题也随之逐渐严重，原本生态环境脆弱的黄三角地区的脆弱性更加明显。同时产生的经济社会问题也逐渐显现，如产业结构单一、对资源依赖性强等问题。因此，过度依赖资源发展工业的模式已难以为继，需要进行综合调控，促进系统优化协调发展。

3. 综合资源开发为主的高效生态经济阶段（2000 年至今）

进入 21 世纪之后，资源供需矛盾逐渐凸显，传统的经济发展方式和资源开发模式急需转变，矛盾集中体现在人和生态环境之间。此阶段山东省对黄河三角洲开发建设的多年实践进行总结和反思，提出发展黄河三角洲高效生态经济区，逐渐进入综合开发为主的高效生态经济阶段。其历程大致可以分为三个阶段：概念提出阶段（1980—2000 年），20 世纪 80 年代末，山东省召开“黄河三角洲经济技术和社会发展战略研讨会”，确立三大基地战略目标。20 世纪末，“黄河三角洲高效生态农业发展研讨会”，提出“关于建立黄河三角洲国家高效生态经济区的建议”并得到了中央领导的重要指示。进入国家决策阶段（2001—2008 年），“发展黄河三角洲高效生态经济”先后列入国家“十五”“十一五”计划。国家发改委先后向国务院提交专题报告，提出支持发展高效生态经济的意见建议。国家战略推进实施阶段（2008 年至今），山东省政府将黄河三角洲作为“一体两翼”的北翼，实施重点开发，同时向国务院上报《山东省政府关于申请批准〈黄河三角洲高效生态经济区发展规划〉的请示》并得到国务院的批复同意。

相对于过去单一依靠土地资源或石油资源，此阶段的综合开发的资源包括土地资源、石油资源、海洋资源等有形资源以及区位优势、政策优势等无形资源，实现各种资源整体利用，发挥出最优效益。利用区位优势、石油优势、资源优势等，以保护生态环境为重点，摒弃传统的盲目垦荒、以石油开采为重心的油地经济发展模式和“先污染、后治理”的发展模式，探索开发和保护、资源和环境、经济与生态间的有机统一，遵循生态文明理念，发展循环经济、绿色经济、集约经济、低碳经济；制度政策倾向于生态环境保护方面，规划先行，充分论证，避免资源粗放式的浪费；产业布局方面，形成以若干生态工业园区组成的生态产业群，以保护脆弱生态环境为前提，调整发展方式和产业结构是重点，发展高新技术产业、高端服务业等附加值高、环境污染小的产业，处理好区域空间均衡发展，合理构建“三生空间”；生产工艺方面，实现生产过程再循环、再利用，最终表现为整个经济体系高效运转，由工业经济向高效生态经济过渡，逐步实现经济与人口、资源、环境协调发展的新格局。

第三节　黄河三角洲区域可持续性评估

一、评估指标体系构建原则

（一）科学性和政策相关性原则

人地系统是复杂巨系统，可持续性评估指标的选择和设计需以生态经济协调发展理论、区域可持续发展理论、人地关系地域系统理论等科学理论为依据，结合人类活动和资源环境情况，构建客观合理的指标，指标定义、计算方法、数据收集、涵盖范围等都必须有科学依据。同时对区域可持续性进行评估的目的是使政府或生产者通过政策或生产方式等进行改进完善，因此可持续性评估指标应适当跟踪相关政策，反映政策的效应情况。

（二）综合性和简明性原则

黄河三角洲区域人地系统由不同的要素组成，是一个复合系统，可持续性指标应是对整个发展系统的评估，建立在多因素、多维度视角下，用一系列相关的指标作为工具，监测经济—环境—社会系统的发展状况。指标之间应该是相互关联的，以便反映子系统之间的耦合协调关系。由于在构建指标体系时不能将每个相关因素对应的指标一一列出，需要采用综合集成的理念，根据指标的突出性和可得性考虑指标体系的减量化原则，筛选出针对性强，尽可能反映问题本质的指标，以真实反映人地互为作用的过程结果。

（三）系统性和可比性原则

指标体系是系统性的工程，没有单一的指标能判断可持续性，在构建时要考虑各种系统因素，建立在一个系统整体的理论框架之上，同时使用宏观性和微观性指标等多层次性指标最大限度表现系统的完整性。数据分析是研究问题的核心部分，要尽可能使用统一口径、相对统一、对稳定的指标，以便能比较不同时间序列、不同区域之间的人类活动和生态环境的状态水平。

（四）定量和定性结合原则

人地系统可持续发展过程和发展趋势的可持续性评估涉及经济、社会与生态环境子系统组成的复杂复合系统，有的变化可以用数量关系反映，有的变化难以用数量指标反映。在制定指标过程中采取定量和定性相统一的方法，是在结合前文现状分析基础上的一个全面的、系统的分析过程的一部分，不再是单纯独立的一个定量表达。

（五）尺度和区域性原则

由于区域人地关系系统有多尺度、多侧面及动态性的特征，不同尺度及不同区域之间存在一定差异性，在构建指标体系时需要从本地实际情况出发，选取符合研究区域尺度的指标及符合本地区域特征、能反映本地特色的指标，突出区域特色，以完成科学合理的研究。

二、评估方法

（一）熵值法

在信息论中，熵是对不确定性的一种度量。信息量越大，不确定性就越小，熵也就越小；信息量越小，不确定性就越大，熵也就越大。根据熵的特性，可以用熵值来判断某个指标的离散程度，指标的离散程度越大，对综合评价的影响越大，是利用评价指标的固有信息判别指标的效用价值，一定程度上有利于避免主观因素的误差。

（二）三角模型法

三角模型评价方法最早由美国农业部用来分析砂、粉砂、黏土各自含量以确定土壤类型，而后推广至工程学、环境科学、区域经济学等领域。三角模型方法具备进行趋势评价的优势，可简单有效地描述经济、社会、生态环境之间的关系。本文利用三角模型的优势和特性，对黄河三角洲区域的可持续性能力状态和趋势进行评价并预测其发展趋势。其基本步骤：第一，建立反映经济、社会和生态环境各方面状况的评价指标体系；第二，搜集处理数据，对原始数据进行标准化处理；第三，确定所选的单独指数的权重系数；第四，利用加权平均法计算经济、社会和生态环境的综合指数；第五，利用 Grapher 软件生成三角模型图；第六，使用 VISIO 等软件进行相关修正以得出三角模型图；第七，用修正后的三角模型图评估可持续性的状况和趋势。

图 7-3 所示的三角形为等边三角形，经济可行性指数 EI、NSI、NREI 分别位于等边三角形的最高顶点、左下顶点和右下顶点。X 轴、Y 轴、Z 轴分别代表非资源环境合理性指数（NREI）、经济可行性指数（EI）、非社会可接受性指数（NSI），每个坐标轴沿着逆时针方向从 0 到 1，每个轴分别平均分为 5 个范围：0.0～0.2：非常低，0.2～0.4：较低，0.4～0.6：中等，0.6～0.8：较高，0.8～1.0：非常高。用一个三角形图表对 NREI、EI、NSI 的相对比例结合状况进行说明，可以细分为 5 个区域：A、B、C、D、E，分别表示可持续性很强、强、一般、弱、不可持续性等。根据三角模型图中 3 个指数的相对比例变化，有七种可能的运动趋势，分别代表七种不同的可持续性趋势，即 T1、T2、T3、T4、T5、T6、T7。经过计算，根据点和另外数据系列的相对位置，可以对相应的可持续性状况和趋势进行有效评估。

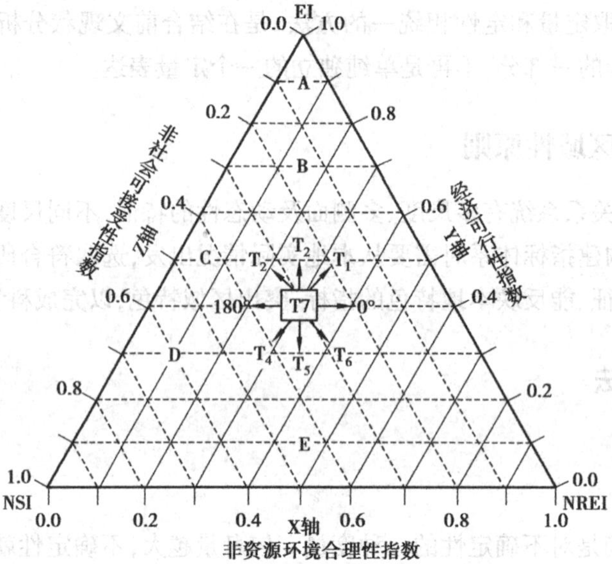

图 7-3　人地系统可持续性状况和趋势描述

三、可持续性评估结果特征分析

本文选取黄河三角洲区域 2001—2015 年的指标数据，通过可持续性评估的方法和途径，完成黄河三角洲区域人地系统演化的地理过程分析，得出各指数并作图 7-4。经济可行性指数(EI)值越大，非社会可接受性指数(NSI)值和非资源环境合理性指数(NREI)值越小，可持续发展水平越高。2001—2015 年经济可行性指数持续上升，从 2001 年的 0.016 9 上升到 2015 年的 0.828 8，表明经济总体实力逐渐增强，为社会发展和生态环境发展奠定坚实基础。非社会可接受性指数波动下降，由 2001 年的 0.509 4 下降至 2015 年的 0.088 3，社会生活水平趋于改善。非资源环境合理性指数变动较大，由 2001 年的 0.473 7 下降至 2005 年的 0.418 1，2006 年上升至 0.430 8 后呈现先波动下降后波动上升的趋势，区域环境质量有所改善，但 2013 年之后有恶化风险，整体上看可持续性趋于减弱。

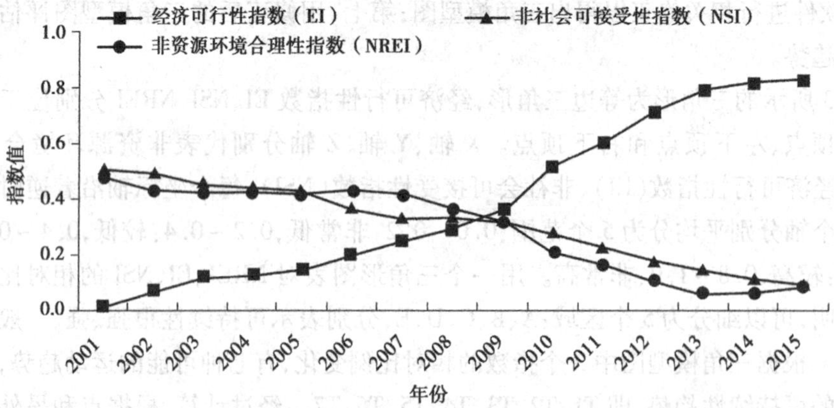

图 7-4　2001—2015 年黄河三角洲地区可持续性评估转换后各指数变化

(一)经济可行性指数增长幅度较快

从经济可行性指数来看,呈现逐渐上升的趋势。经济结构指数、经济潜力指数及经济强度指数是经济可行性指数上升的主要因素。经济结构指数持续上升,得益于产业结构的优化及非农产业的发展;经济潜力指数因为高新技术产业产值占规模以上工业总产值比重不断上升及人均地方财政收入不断增多而使经济发展潜力巨大;经济强度指数由2001年的0.030 3上升至2015年的0.15,增长5.11倍,这是由于工业经济的带动效应使GDP持续增长,但近年已进入经济新常态的发展步伐,经济进入平稳发展阶段。经济外向性指数波动较大,这与不同地区的实际利用外资及进出口贸易具有一定偶然性有关系。黄三角地区应进一步转变经济发展方式,发展外向型经济,推动地区经济持续发展(图7-5)。

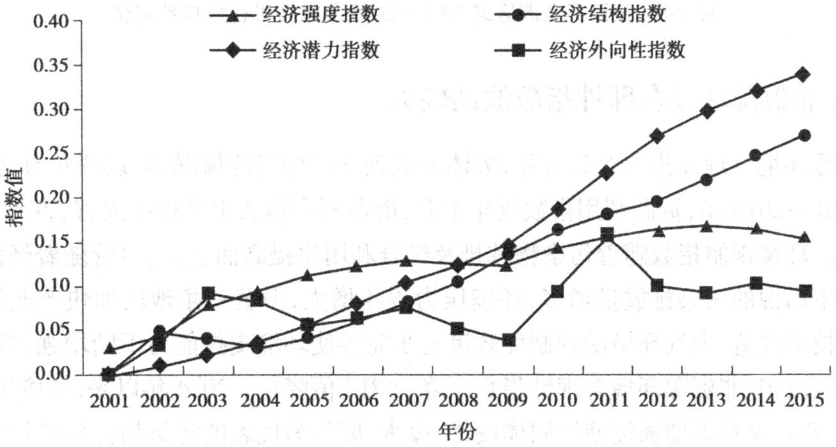

图7-5　黄河三角洲区域2001—2015年经济可行性指数变化

(二)非社会可接受性指数波动下降

从非社会可接受性指数看黄三角地区的15年间呈现起伏变化的态势,继2007年降至低值0.329 5后增大至2008年的0.339 8的小高峰后开始逐渐下降,最终下降至2015年的0.088 3。随着区域经济发展水平不断提高,各项社会事业随之配套发展,达到了比较完善的水平,居民生活质量得到不断改善,使社会可接受性增强,NSI值减小。造成2008年NSI值小幅上升的因素主要是教育文化水平的波动,教育文化总体投入相较于其他方面比重较小且波动较大,公共图书馆藏书量低于国际标准,师资力量受教育方面投入影响较大,教育水平与经济水平不相匹配,制约社会发展。2008年之后社会可接受性增强,NSI值呈现持续下降趋势,与社会生活保障水平指数、基础设施水平指数、生活改善指数持续上升有关,卫生事业不断发展,医疗技术人员数、床位数逐渐增多,公路密度不断增加,公路出行实现了质的飞跃,交通的跨越式发展促进社会不断进步(图7-6)。

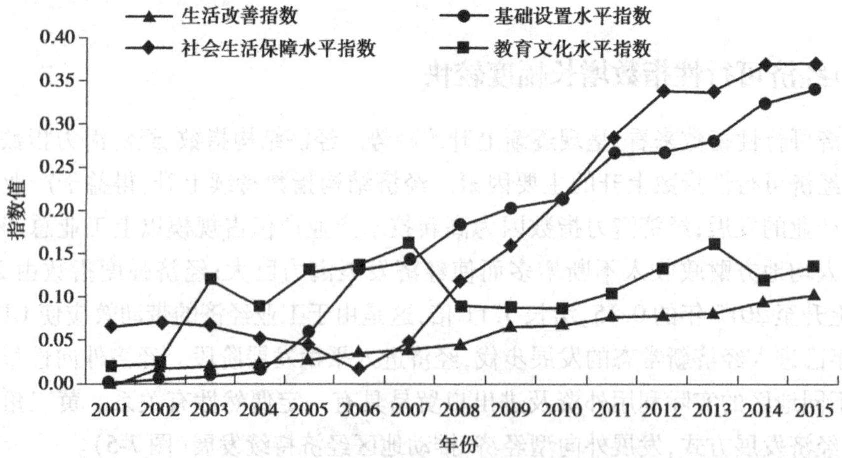

图 7-6 黄河三角洲区域 2001—2015 年社会可行性指数变化

（三）非资源环境合理性指数波动较大

非资源环境合理性指数有升有降，大体上呈现逐年好转的情况，但近两年有恶化趋势的风险。2001—2013 年，资源利用指数逐年上升，能源利用粗放水平得以改善，万元 GDP 能耗逐年降低。环境规制指数随着污染物减排及综合利用率提高而上升，尽管随着经济的发展，工业源和生活源的污染排放量增多，环境压力逐年增大，但黄三角地区加快产业结构调整、积极推进技术改造、大气环境治理制度政策逐步完善使环境支撑能力不断增强，最终资源环境得到一定改善，非资源环境合理性指数下降，NREI 值降低。2014 年以来，环境压力指数持续下降，公众环保意识增强促使以固体废物、废水、废气为代表的污染物排放量持续下降，但由于水资源贫乏、土地利用粗放、土壤盐碱化等造成水资源量和人均耕地面积下降，资源禀赋指数明显下降，加之生产技术遇到瓶颈，技术革新需要更大投入造成环境规制指数难以继续提升，这表明黄三角地区资源环境情况不容乐观，也进一步说明水资源和土地资源等资源约束成为黄三角地区发展的约束条件制约着可持续发展，需要更有力的措施实现生态文明，推动向很强可持续性趋势演进的进程（图 7-7）。

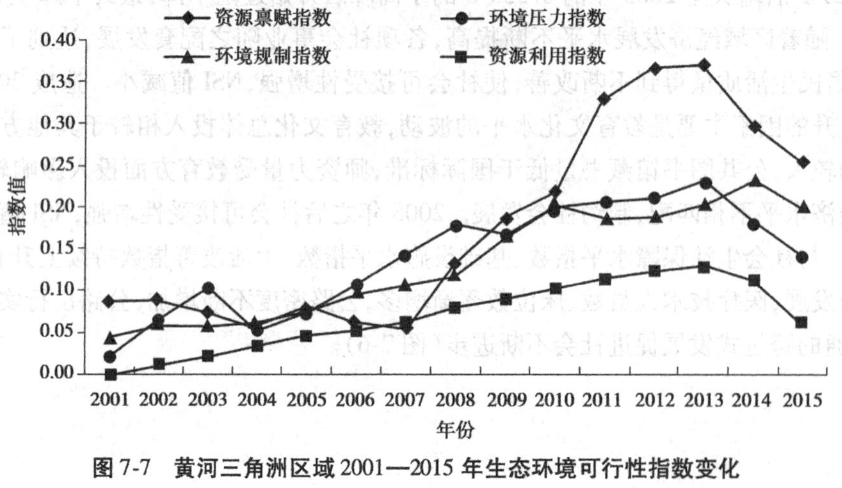

图 7-7 黄河三角洲区域 2001—2015 年生态环境可行性指数变化

第四节　黄河三角洲区域可持续发展的对策建议

黄河三角洲区域可持续性向很强趋势演变,但近年来趋于减弱,同时经济子系统、社会子系统发展明显优于生态环境子系统,刚进入21世纪时,经济子系统和社会子系统大部分地区呈现强可持续性或一般可持续性,而同期生态环境子系统基本都呈现弱可持续性,近几年区域环境质量呈现恶化趋势,重工业化比重偏高,资源产出效率低于国际先进水平、产出能耗和资源消耗高于国际平均水平,水资源短缺等实际因素造成生态环境子系统成为制约整个发展系统高效性和可持续性的短板,经济、社会、生态环境子系统发展严重不协调,制约着可持续发展。黄河三角洲区域可持续性类型大体呈现东高西低的差异,即东部可持续性优于西部可持续性,具体到每个行政单元内部,其资源状态、能源效率、环境质量、社会事业发展等方面均存在不同的问题。为优化生态环境子系统,提高生态环境系统的承载力,实现区域均衡发展,消除空间类型差异,从而推动黄河三角洲区域整体可持续发展。下面就此提出相应的转型对策建议。

一、强化高效生态产业发展，减轻生态环境压力

黄河三角洲区域经济子系统的高速发展建立在对能源过度消耗的基础之上,重工业化特点突出,农业和服务业带动作用不明显。产业机构的优化升级是协调好黄三角地区经济、社会和生态环境间关系的关键措施,应以循环经济理念为指导,突出产业结构调整,加快形成高效生态产业体系,推动三次产业的融合发展,建设结构优化、技术先进的现代化和协调化的产业体系,具体可从以下三个方面入手。

(一)以高效生态农业为基础,发展循环型农业

黄河三角洲是我国开发时间比较晚,开发利用程度比较低,资源环境条件却极富特色、极具开发潜力的地区。丰富的资源和脆弱的生态环境呈现两面性,决定该区农业开发可以走兼顾农业的经济效益、社会效益和生态效益的高效生态农业发展道路,把资源优势转化为经济优势。结合现有基础,以建设“大农业”体系为出发点,依据集约节约、循环再生的原则,各县市充分发挥比较优势,根据发展的实际情况因地制宜选择合适的发展模式发展高效生态农业,推进现代高效生态农业,提升农业现代化发展水平。发展绿色种植业,建立高效生态林业体系,发挥土地和牧草资源丰富的优势发展生态畜牧业,以基地规模化、产品标准化为重点,发展生态渔业,加快浅海滩涂、沿海盐碱涝洼地规模化开发,发展生态循环模式。

（二）以环境友好型工业为重点，推进生态化改造

目前，黄三角地区工业整体实力有待加强，产业层次偏低，污染量偏大，产业竞争不足。大力发展循环经济，推行企业清洁生产，强化企业节能减排，严格控制污染，推进技术改造，抑制高污染、高耗能产业的发展，利用现代信息技术和物流技术，以园区为载体，全面提升产业整体素质。化学工业方面，利用先进技术改造提升传统重化工业，抓好技术改造和污染治理工作，淘汰落后工艺和设备，提高资源综合利用率；橡胶轮胎业方面，发展轮胎翻新业和废旧轮胎的回收利用，加快橡胶轮胎企业的整合重组，培育新兴轮胎产业集群；造纸业方面，推进技术改造，发展生态造纸；制造业方面，利用高新技术和信息技术改造提升装备制造业，推广高新技术，促进生产过程污染减排和资源能源节约。基于黄三角地区的资源禀赋、发展潜力和产业基础，紧抓产业结构调整的倒逼机制和高效生态经济区建设，建设高新技术产业基地，提高产业竞争力，高质高效、集聚集约发展。

（三）以生态友好型服务业为支撑，打造现代服务业体系

黄三角地区工业与服务业之间发展不协调，服务业发展滞后，服务业与第一、第二产业之间存在明显互动关系，加快服务业发展不仅是满足群众生活需要的要求，还是促进产业结构优化升级的必然选择。重点发展生产性服务业，积极发展消费性服务业，加快构筑结构合理、功能完备、特色鲜明的生态友好型的现代服务业体系。生态旅游业方面，以生态保护为核心，在不影响保护区功能的基础上合理开发黄河三角洲湿地自然保护区的自然景观，加快特色旅游资源的开发。现代物流业方面，围绕改善投资环境，完善交通基础设施，形成多层次、开放式、社会化的物流体系；文化产业方面，围绕黄河文化、孙子文化、风筝文化等优势资源，打造重要文化产业基地；金融保险业方面，创新合作发展机制，完善金融服务体系，大力推动区域内金融机构做大做强，加快改革重组，不断增强实力；科技服务业方面，着力提升科技资源集聚、创新引领和辐射带动等功能，整合区内科技服务资源，提升科技对经济发展的贡献率，推动可持续发展。

二、提升生态文明水平，构筑循环经济体系

（一）加强生态文化建设，发展生态文化产业

在资源趋于枯竭，水资源日益成为黄三角地区的约束条件的背景下，转变传统观念，倡导在合理开发利用资源的同时，开展多层次、多尺度的生态环境教育，改变传统教育模式，将生态环境教育融入国民素质教育体系，树立可持续发展观，开展生态建设等方面的宣传培训和教育，倡导生态价值观，提升公众的环境保护意识、资源节约意识、可持续发展意识，大力推进环境整治。倡导可持续性消费，减少资源浪费和环境污染，在生产过程中节能、降耗和减污，在消费过程中选择新的消费模式，使生产和消费环节相互促进，实现经济、社会和生态

环境的可持续发展。注重消费行为对生态环境建设的影响,积极倡导可持续性消费体系的建立,加强绿色生态标志的推广应用,积极推进节能和清洁能源的使用,使用节水、节电等产品和工具,形成符合生态文明要求的社会新风尚。

大力发展生态文化产业,提升生态产业竞争力。建设生态文化产业,合理开发文化资源,将生态文化产业规模与质量作为重要工作。推广生态文化产业与相关产业的融合发展,如促进旅游与经济文化高度融合,从传统文化中挖掘古代生态文化精髓,开展生态文化建设项目研究,实施精品工程,加强生态文化的软实力,将生态文明理念深入人心,如开发湿地生态与黄河生态文化观光旅游结合,开发孙子修学旅游并融入山水圣人旅游带,建设黄河口和石油文化展示区,发展寿光蔬菜文化旅游。复建传统建筑,开发与自然、文化相结合的红色旅游产品。

(二)加快生态文明制度建设,减少环境污染

近年来,黄三角地区在环境污染防治领域、自然资源保护领域等方面构建了环境经济政策,形成了较为规范化的框架,环境政策体系逐渐完善,确保可持续发展能力目标顺利完成,但由于整体仍处于工业化中期阶段,环境污染严重,需要继续调整当前的环境政策体系,完善环境法规体系和执法力度,加大财政投入力度,推进税收制度改革,强化税收手段对提高资源利用效率等方面的作用;改变政府管理模式,实现环境管理制度的转变,通过阳光行政、信息公开确保公众参与环境保护的权利。加快形成现代市场体系,健全绿色经济的市场调节准入机制,构建与完善较为合理的政府市场监管职能体系;推进生态保护公众参与机制。积极发挥公众参与的作用,弥补政府监管的不足之处,明确公众参与权的地位,健全环境信息公开制度,规范公众参与程序,提高决策的科学性,把对生态环境的影响降到最低。

(三)探求循环经济发展模式,实现资源高效利用和生态保护

前文论述到黄三角地区淡水资源短缺,生态环境脆弱和产业结构层次较低都是制约区域可持续发展的因素,因此需要从区域生态、经济实际出发,探求循环经济发展模式,将循环经济理念渗入总体规划和建设中。鼓励建设循环经济园区的集约方式发展循环经济,按照减量化、再利用、资源化的原则,积极支持资源循环利用,深入推进“点、线、面”循环经济,加快打造产业集群,形成互补互动、共生共利的有机产业链网,逐步形成区域循环经济模式。推行清洁生产,扶持循环经济型企业发展。实施重点企业示范工程,实现资源多次利用的良性循环,加强污染防治,推广废物循环利用;推广循环经济生产模式,构筑行业和产业生态产业链。发展生态畜牧业,发挥丰富的牧草资源优势集约化发展畜牧业,加快构筑结构合理的循环型服务业体系,在农村地区形成良性循环生态农业,推广秸秆综合利用技术;突出生态集约化发展,杜绝新上高耗能项目,鼓励支持资源循环利用项目,加快构建园区内部循环体系,围绕核心资源发展相关产业,形成资源循环利用的产业链;建立可持续的生态产业体系,在区域层面上推行循环型产业发展模式,同时主动加强与周边地区的循环经济方面的交流和技术合作,加强产业对接,推动发展“飞地经济”,建设循环型社会。

三、强化科技创新和人才培养，促进可持续发展

高新技术产业和高层次人才是转变可持续发展方式、发展环境友好型社会的切入点，可以引领生态环境的恢复建设，目前黄三角地区高新技术创新能力薄弱，科技成果转换率低，人才综合素质相对不高，缺乏高层次实用型人才，不能发挥科技及人才对改善生态环境的重要作用。因此要增强科技支撑，以科技进步为动力，加强人力资源开发，提高自主创新能力。

（一）发展科技事业，完善科技创新机制

把提高自主创新能力作为推进产业结构优化升级和发展高效生态经济的中心环节，促进产学研结合，推进科技创新和成果加速转化，努力在重点领域和关键环节实现自主创新的重点突破。围绕高技术产业、制造业、高效生态农业等重点领域加快实施重大科技研发项目，重点攻克关键技术，攻克节能与提高能效技术、海水淡化与综合利用技术。发展一批区域科技创新服务中心和科技中介组织，加快发展技术市场，强化技术支撑，促进科技成果转换，提升生态环境的支撑能力。采取激励模式，提高政府采购对科技创新的支持。加大科技创新法律政策的执行力度，确保政策落到实处，建立政策执行情况的监控反馈机制。

（二）提高海洋科技创新能力，改善海洋生态环境

海洋开发建设对科学技术的要求不断提高，实施"科技兴海"战略，发展海洋高新技术产业，建成以战略性海洋新兴产业为特色和优势的现代化海洋产业体系，坚持原始创新、集成创新和引进消化吸收再创新相结合，强化企业技术创新主体地位，立足优势领域，充分发挥海洋科技综合优势，加快海洋生物医药、海洋化工、海水综合利用等领域的研究开发和成果转化，开发一批具有自主知识产权的核心产品，培育一批高成长的海洋高技术产业，加快关键技术研究与科技成果转化，带动海洋经济科技进步，促进发展方式转变。降低滨州、东营、莱州附近的海洋水产养殖污染物的排放强度，降低有害物质的排放量，提高海水水质。集中技术力量解决小清河河口、莱州湾等受到陆源污染严重的河口和海湾的污染问题，整治河流入海口的湿地生态环境，防治湿地生态功能的退化。

（三）实施人才战略，建设人才高地

黄河三角洲区域开发建设仍处于起步阶段，整体实力较弱，面临发达地区对人才"抽离效应"的严峻挑战，对生态环境压力更大，需要增强发展的紧迫感和危机感。长远规划人才发展，对黄三角地区人才队伍发展的规模、结构、布局和措施做出宏观规划，优化人才环境，打造高水平、专业化人才队伍，建立一支布局合理、素质优良的人才队伍，为增强科技自主创新能力提供人才保障；健全人才教育培训体系。优先发展教育事业，保证教育经费的增长，建立健全适应区域产业发展的多层次职业技术教育和培训体系，形成多层次、开放式的终身教育网络；拓宽人才引进渠道。根据黄三角地区建设需求，重点引进一批战略科学家和创新

创业领军人才,主动走出去吸引紧缺急需人才和高素质人才,造就一支创新型人才队伍;优化人才发展环境。加大对人才队伍建设的投入,加强人才创新平台建设,打造良好的人才工作环境,营造留人的良好氛围。

四、形成合理的空间开发格局,促进区域协调发展

2009 年黄河三角洲高效生态经济区上升为国家战略,成为山东省国家级发展战略,对加快区域经济发展具有战略性意义。但由于区域之间的发展差距,各个板块之间的发展差距依然存在。在可持续发展过程中,应以合理的空间开发促和谐、互补的区际关系实现可持续发展,在塑造和优化空间开发格局、实施空间均衡发展战略等方面形成合理的空间开发格局,促进区域协调发展。

(一)统筹空间布局,优化空间开发格局

综合考虑生态保护、经济布局和人口分布,按照生态优先、统筹兼顾、互利共赢等原则,以科学配置土地资源为出发点,优化布局黄河三角洲高效生态经济区,构建主体功能清晰、协调发展的新格局。不断优化空间结构,选准发展突破口和着力点,突破瓶颈制约因素,强化产业升级,合理进行产业布局,按照产业集聚、城市辐射、园区带动的发展理念,着眼于现有资源、产业基础和开发潜力,突出区域特色,按照“四点、四区、一带”布局。即加快东营、滨州、潍坊、莱州四个港口建设,加快东营、滨州、潍坊、莱州四大临港产业区建设,依托港口和铁路交通干线,发展临港工业、物流和现代加工制造业等成为北部沿海经济带的关键支撑。城镇和乡村建设方面,推进城市化发展战略,以中心城市为依托,交通干线为主轴,形成空间布局合理、服务功能健全、与产业发展协调的城镇体系。以中心村为重点,构建城乡统筹的乡村发展格局。扩大中心城市规模,积极发展县级城镇,集约发展小城镇,加强乡村建设。县域经济方面,实行城市农村联动、三次产业联动,推动县域经济更好更快发展,识别潜在自然优势,将其转化为发展优势,合理确定城镇功能定位,不断增强发展活力,根据黄河三角洲高效生态经济区的战略定位、资源环境的承载能力,优化空间开发格局。

(二)完善体制机制,实施区域一体化发展战略

区域之间发展的目标是打破壁垒,形成经济、社会与生态环境一体化的态势,通过基础设施规划与建设一体化、制度政策制定与实施一体化等形成紧密联系、布局合理、功能完善的区域发展格局,进而实现要素的自由流动,发挥生产要素的共享效应,实现产业布局的优化调整。优化城镇布局,注意城市的组团式发展,培育东营—滨州组团,打破行政区划界限,尽可能实行区域发展统一规划、重要资源统一管理、重大建设统一指导,科学高效一体化开发,促进生产要素合理配置,推动区域优势互补,共创发展新优势。综合考虑区域内部整体资源环境要素,根据不同区域资源禀赋条件、生产要素的优越性,实行整体规划和因地制宜相结合的原则,实现区域内要素的有序组合。发挥组合效率建设交通网络,配套建设高效安全的综合运输网络,完善区域内部整体基础设施。

五、协调区际关系，形成可持续发展的空间结构

近年来黄三角地区可持续性类型整体逐渐变强,区域差异性逐渐缩小但差异仍较明显,大体上东部较西部可持续性强,具体到每个区域,其资源状态、能源效率、环境质量等都存在不同问题和差异,空间结构不合理,影响整体可持续发展进程。生态环境子系统作为制约整体可持续发展的短板,需要通过协调区际生态环境关系,实施主体功能区战略等方式实现区域均衡发展,把相关资源要素组织起来,形成区域可持续发展的新局面。

(一)协调区域生态环境关系,推动可持续发展

生态环境利益的局部性和生态环境系统的整体性特征决定区域生态环境关系需要按照生态环境效益最大化和生态环境利益的公平分配等原则形成互相依存和制约的区际管理关系。黄三角地区是我国最后一个有待开发的三角洲,在山东省乃至全国占有重要地位,区际生态环境影响重大,应在主动融入全国和山东省生态环境管理目标的基础上加强区域内部环境监测合作和信息共享,各个区域注重生态环境合作。建立区域生态环境安全预警机制、生态环境冲突协商解决机制、资源环境配置机制、生态补偿机制等,根据实际情况完善区域内部生态环境保护的规划和法律法规,制定统一的环境标准、制度和法律,扩大社会组织、学术团体、企业及公众参与区域生态环境保护的广度深度,完善公众参与机制,协调区域生态环境关系,缩小区域空间类型差异。

(二)实施主体功能区战略,实现区域均衡发展

规划实施主体功能区是推进区域可持续发展的重要保障,其各类主体功能定位给经济发展目标增添了生态和社会功能约束,保证了区域调控的效果,实现区域人口、资源、环境与经济相协调的空间开发格局。黄三角地区根据资源环境承载能力、发展基础和潜力,发挥比较优势,按照高效与生态相统一、发展和保护相一致、人与自然相和谐的原则,结合自然资源的组合特点,区域发展规划按重点开发区域、限制开发区域和禁止开发区域三类功能区规划。其中重点开发区域主要包括四大临港产业区和各类开发区,限制开发区域主要指沿海岸线开发带的浅海滩涂、盐碱地以及高效生态农业区等。禁止开发区域主要指农业保护区、水源地保护区和生态自然保护区等,实现区域均衡发展。

参考文献

[1] 魏建,李少星. 黄河三角洲高效生态经济区发展报告:2015[M]. 桂林:广西师范大学出版社,2016.

[2] 田静,李甲亮,田家怡. 黄河三角洲高效生态经济区自然保护区生态评价与优化调整[J]. 滨州学院学报,2017,33(2):92-96.

[3] 李红. 黄河三角洲高效生态经济区企业生态文化建设研究[J]. 经营与管理,2017(4):91-94.

[4] 王格. 黄河三角洲高效生态经济区复合生态经济系统仿真与优化对策研究[D]. 淄博:山东理工大学,2017.

[5] 王瑞. 我国“国家区域发展战略”对区域发展的影响[D]. 济南:山东大学,2017.

[6] 程钰,任建兰,侯纯光,等. 沿海生态地区空间均衡内涵界定与状态评估——以黄河三角洲高效生态经济区为例[J]. 地理科学,2017,37(1):83-91.

[7] 黄秉杰,谭玲. 黄河三角洲生态文明建设新探[J]. 商,2016(7):59,16.

[8] 王瑞,吴晓飞,范玉波. 国家区域发展战略对地区投资的影响——以黄河三角洲高效生态经济区为例[J]. 经济地理,2015,35(8):19-23.

[9] 康莹. 黄河三角洲生态可持续发展问题研究[D]. 天津:天津财经大学,2015.

[10] 刘长忠. 山东省首个“千亿镇”大力治污可持续发展[J]. 光彩,2014(12):55.

[11] 魏秀芳. 黄河三角洲新农村可持续发展的影响因素和战略——以滨州市为例[J]. 改革与战略,2014,30(5):105-108.

[12] 胡斌,曹振杰,李娴,等. 黄河三角洲滨海湿地渔业循环经济模式研究[J]. 河北渔业,2013(10):54-56.

[13] 李新华,王素娟,李鹏飞,等. 黄河三角洲湿地农业开发存在的问题及可持续发展对策[J]. 现代农业科技,2013(15):272-275.

[14] 宫天洋. 黄河三角洲高效生态经济区生态农业发展问题研究[D]. 淄博:山东理工大学,2013.

[15] 邱效威,贾佳,于璐. 黄河三角洲滩涂的开发与保护探究[J]. 商,2013(7):209.